PRAISE COLLECTION VOL. 2

# 프레이즈

비전북출판사

이 땅의 황무함을 보소서 하늘의 하나님 긍휼을 베푸시는 주여 ♪
우리의 죄악 용서 하소서 이 땅 고쳐 주소서 ♫

## 편집하면서

**프레이즈 VOL 2.**는 청년들과 청소년들을 위해 그 대상에 맞게 엄선한 찬양곡들의 모음입니다.
새로운 편집에 의한 차례와 구성을 살펴 보겠습니다.

### Chapter 1 : 새노래

새노래를 따로 분류함으로써 배움과 나눔에 있어서 효율성을 기했습니다.
그리고 각각의 새노래는 진행되는 차례와 주제에 맞게끔 재분류를 하였습니다.

### Chapter 2 : 경배와 찬양

예배의 중심이 되는 찬양으로서 주제별로 구분하였습니다. 구분은 **경배와 찬양, 간구, 감사, 헌신
과 의탁, 기쁨, 구원, 치유와 회복, 선교와 전도, 선포와 명령, 영적전쟁과 승리** 등으로 되어 있어
예배 성격과 흐름에 맞는 곡 선정에 도움이 되도록 하였습니다.

### Chapter 3 : 축복과 평안

교제와 축복 그리고 평안과 화합을 위한 찬양을 따로 분류하여 회중들 간의 교제에
도움이 되도록 하였습니다.

### Chapter 4 : 특별찬양

특송과 발표를 위한 곡들을 선정하여 분류하였습니다.

### INDEX : 수록음반색인

본서에 게재된 곡들이 수록된 음반명을 기록하여 쉽게 곡을 배울 수 있도록 하였습니다.

**프레이즈 VOL 2.**가 여러분들의 경배와 찬양 생활에 도움이 된다면 실로 큰 기쁨이 아닐 수 없습니다.
**살아계신 하나님을 찬양합시다!**

# 프레이즈 VOL 2.를 내면서 …

"나는 여호와니 이는 내 이름이라 나는 내 영광을 다른 자에게, 내 찬송을 우상에게 주지 아니하리라"

(이사야 42 : 8).


살아계신 하나님께서는 자신의 영광을 위하여 찬송케 할 백성을 창조 하셨습니다.

그렇습니다!

오직 하나님의 이름에만 모든 존귀와 위엄과 능력이 있습니다.

그 이름에만 구원의 감격이 있습니다.

또한 하나님께서는 사신의 비전과 부흥의 역사를 창조된 백성들을 통해 세워 나가길 원하십니다.

어둠으로 황무케 된 세상을 자신의 백성들을 통해 빛으로 인도하길 원하십니다.

우리는 마땅히 그분께 순종하며 그분의 큰 역사에 동참해야  할 것입니다.

**"찬양과 예배"**야말로 하나님의 거룩한 백성들이 세상을 치유키 위한 출발점이라고 할 수 있습니다.

허다한 하나님의 백성들이 찬송으로 주님의 주님되심을 고백하고 주님의 이름을 만방 가운데 선포할 때

이 땅의 역사는 새로운 부흥을 맞이할 수 있을 것입니다.

우리 모두 기대합시다. 주님의 영광이 온 세상에 가득하며, 주님의 찬송이 세상 끝까지 울리는 그날을.

할렐루야! 하나님께 전심으로 우리의 사역을 올려 드립니다.


"여호와여 내가 만민 중에서 주께 감사하고 열방 중에서 주를 찬양하오리니

대저 주의 인자하심이 하늘 위에 광대하시며 주의 진실은 궁창에 미치나이다

하나님이여 주는 하늘 위에 높이 들리시며

주의 영광이 온 세계 위에 높으시기를 원하나이다"(시편 108 : 3-5).

# 차 례 　노래 번호순

## BEST SONG

1. 이 땅의 황무함을(부흥)
2. 고요한 아침의 나라
3. 나는 광대한
4. 나의 가는 길
5. 나 주님의 기쁨되기 원하네
6. 너를 사랑해
7. 너의 가는 길에(파송의 노래)
8. 모든 민족에게
9. 보라 세상 죄를(하나님의 어린양)
10. 성령이여
11. 세상에 소중하고(사랑하며)
12. 우리는 주님의 홀리신 피로
13. 우리는 한 몸
14. 우리 보좌 앞에 모였네(비전)
15. 주님 나라 임하시네
16. 주의 사랑을
17. 주의 이름 높이며
18. 하나님의 사랑을(주만 바라볼찌라)
19. ROMANS 16:19

## C CODE

20. 나는 여호와니
21. 이 시간 주님께 나온 우리들
22. 나의 영혼아 잠잠히
23. 날 만나라
24. 놀라운 인도자
25. 살아 계신 성령님
26. 주 예수여 오시옵소서
27. 나의 주 찬양합니다
28. 주께 나아가세
29. 내 안에 사는 이
30. 나를 사랑하는 자들이(잠 8:17)
31. 능히 너를 보호하사
32. 거룩하신 성령이여
33. 여호와 우리 주여(시편 8편)
34. 주님의 사랑
35. 나를 정결케 하며
36. 하나님 한 번도 나를(오 신실하신 주)

37. 주님은 나의 죄와 허물
38. 얼마나 아프실까
39. 예수님의 모습을(전능하신 하나님)
40. 주의 강가로
41. 주 알기 원합니다
42. 심령이 가난한 자는
43. 평강의 주님
44. 광야를 지날 때
45. 우리 주님(내 주를)
46. 온유와 위엄
47. 나의 만족과 유익을 위해
48. 주를 보네
49. 어린양 보라
50. 주 날개 밑에서
51. 셀라 셀라
52. 우리 모두 찬양하세
53. 찬송할 수 있을 때에
54. 우리 모두 손뼉을 치며
55. 우리들은 여호와를(주 여호와는 나의 힘)
56. 주안에서 다 기뻐하세
57. 내가 산을 향하여
58. 전능한 하나님 아버지
59. 나의 하나님 Ⅱ
60. 우리는 모두 다(주님의 증인)
61. 너는 결코(너 결코 용기 잃지 말아라)
62. 메마른 우리 마음
63. 위대한 주
64. 오라 주님께 즐거이(오라 우리가 주님께 노래하며)
65. 천지 지으신

## D CODE

66. 주님을 따르리
67. 거룩하신 하나님
68. 주께 노래하세
69. 주여 나를 주의 성소
70. 두손 들고 소리 높여
71. 주님 이곳에
72. 내 영혼 주 찬양하며

73. 내 맘 깊은 곳
74. 주님은 나의 힘
75. 주의 임재 앞에 잠잠해
76. 생명의 주 말씀
77. 주의 사랑을
78. 주는 우리의 소망
79. 하나님이 세상을
80. 우리를 사랑하신
81. 천사의 말을(사랑은 가장 귀한 것)
82. 주 앞에 이렇게 나와
83. 주여 이 시간 주께
84. 겸손하게 무릎 끊고
85. 기다려요
86. 주는 보이지 아니하시는
87. 주 내 삶의 주인 되시고
88. 아침 안개 눈앞에(언제나 주님께 감사해)
89. 나는 가난하고(시편 40편)
90. 존귀한 주의 보혈
91. 온 세상 위한 십자가
92. 영문 밖으로
93. 선하신 목자
94. 내 성의 기쁨의 기를
95. 해 뜨는 곳부터
96. 주께 찬양드리세
97. 우리는 주님이 홀리신 피로
98. 온유한 마음을 주옵소서

## E CODE

99. 아버지 큰 사랑 감사해요
100. 주의 이름 높이며 Ⅱ
101. 이 시간 주님께
102. 와서 찬양
103. 알렐루야
104. 오 귀한 주이름
105. 주님의 성령이
106. 주님의 영광이
107. 수고하고 무거운
108. 여호와는 나의
109. 나의 앞에 계신 주님(계신 주님)
110. 구원자 주 예수

Hallelujah!
Praise

111. 내 영혼의 구세주
112. 내 주 같은 분 없네
113. 나는 용서받았네
114. 좋으신 하나님
115. 주의 긍휼로
116. 나의 주님께(선물)
117. 오랫동안 기다려 온(그 믿음 간직하여라)
118. 형제여 우리
119. 사랑해요 아름다운 이름
120. 너 있는 곳에서(거기서 찬양하라)
121. 만왕의 왕께
122. 들으라 이스라엘
123. 찬양하라 내 영혼아 Ⅱ
124. 맑고 밝은 날
125. 나의 발은 춤을 추며
126. 주는 우리의 도움
127. 너 근심 걱정 와도(주 너를 지키리)
128. 보라 그 놀라운 주의 사랑을

## F CODE

129. 내가 길을 잃고
130. 예수 경배하리
131. 두손 들고 송축하며
132. 아침해 하늘에 솟아(주 찬양)
133. 찬양의 보좌에
134. 신실한 하나님
135. 이 땅에 오직(주밖에 없네)
136. 예수 날 위하여
137. 나의 하나님
138. 나 여호와 치료의 주
139. 아버지 날 붙들어 주소서
140. 아버지여 구하오니
141. 내 감은 눈안에(전부)
142. 실수하여 힘을(내가 네 안에 착한 일을)
143. 너를 사랑해
144. 세상 끝날까지 (가라)
145. 주님께서 보낸(사랑의 편지)
146. 우리는 한 몸

147. 오 할렐루야
148. 주말씀
149. 문들아 너희 머리를
150. 주님의 진리를
151. ROMANS 16:19
152. 기뻐하며 즐거워하라
153. 무지개를(주님께 드려요)

## G CODE

154. 나 주님의 기쁨되기 원하네
155. 오 주님
156. 내 영혼이 주를
157. 여호와 나의 하나님
158. 위대하신 주 하나님
159. 경배하리 내 온맘 다해
160. 주를 부르리
161. 주의 거룩하심 임할 때
162. 주의 이름 부를 때
163. 나의 주 다스리시네
164. 그 이름 예수
165. 주 여호와가 통치하시네
166. 하늘에 있는
167. 거룩한 보좌 앞에
168. 오 나의 주님
169. 수많은 무리들 줄지어(예수 이름 높이세)
170. 주의 이름 높이며
171. 모든 민족에게
172. 더 넓은 세계를
173. 나의 가는 길
174. 주 내 맘에 모신 후에
175. 오직 주님만
176. 주님의 날개 아래 살리라
177. 해아래 새것이 없나니(새롭게 하소서)
178. 나 약해 있을 때에도(주님만이)
179. 내 영 자유케
180. 하나님께로 더 가까이
181. 지치고 상한(주여 인도하소서)
182. 주님과 같이

183. 보라 세상 죄를(하나님의 어린양)
184. 놀라워라
185. 날마다 떠오르는(신실하신 주)
186. 주 예수 우리 죄 위해
187. 고아들의 아버지
188. 한 아기가 우리에게
189. 주여 여기 오소서
190. 여호와의 영광을
191. 예수 존귀한 주이름
192. 영광과 존귀
193. 주 예수의 이름 높이세
194. 주 예수 경배하세
195. 나는 노래하리
196. 영광을 돌리세(주님의 영광)
197. 샬롬 예루살렘
198. 해방되었네
199. 예수 안에 있는 나에게
200. 날 도우시네
201. 길 만들라
202. 항상 기뻐해요
203. 나팔소리 천사의 노래
204. 내게 오라
205. 우리 주만 참 하나님
206. 가난한 자가(기쁨의 탄성)
207. 외로움에 지친(오시오)
208. 세상의 유혹 시험이(주를 찬양)
209. 주님은 항상 살아 계셔서
210. 주 예수 다스리시네
211. 죽임을 당하신

## A CODE

212. 나는 광대한
213. 거룩하신 하나님
214. 왕되신 주
215. 오 하나님 영광 존귀
216. 주님 보좌 앞에 나아가
217. 나는 생명 양식
218. 나의 영이
219. 하늘이여 외치라
220. 죽임 당하신 어린양

221. 지금 우리는(일어나 새벽을 깨우리라)
222. 날 구원하신 주
223. 나는 알아요
224. 우물가의 여인
225. 사람들은
226. 새벽
227. 이 땅의 황무함을(부흥)
228. 우리 보좌 앞에 모였네(비전)
229. 주님 나라 임하시네
230. 주님이 주신 땅으로
231. 무화가 나뭇잎이(난 여호와로 즐거워하리)
232. 주께 구속된 자들이
233. 갈릴리 마을(가서 제자 삼으라)
234. 성령이여
235. 유월절 어린양의 피로
236. 위엄의 주 하나님

## MINOR CODE

237. 고요한 아침의 나라
238. 나는 주의 깃발 든 군사
239. 나는 주님을 찬양합니다
240. 다 와서 주께 찬양 드리며
241. 샬루 샬롬 예루살렘
242. 이스라엘의 하나님
243. 나 항상 주 송축하며
244. 구름같이 허다한(예수를 깊이 생각하자)
245. 휘장을 지나
246. 나에게 생수 부으시니(내 잔이 넘치나이다)
247. 주 그 이름 거룩
248. GOD IS GOOD

249. 거룩하신 주님
250. 전신갑주 입고
251. 우리 주의 성령이
252. 저 높은 보좌에
253. 우주 만물 창조하신
254. 주의 사랑 주의 능력
255. 왕의 왕과 주의 주께
256. 주 나의 은신처
257. 하나님 우리와 함께 하시네
258. 기뻐하라 시온의 딸
259. 너의 가는 길에(파송의 노래)

## Bb CODE

260. 주의 이름을
261. 내 구주 예수님
262. 예수 예수 예수
263. 담대하라
264. 우리 함께 만나는(참 기쁜 노래)

## 축복과 평안

265. 세상에 소중하고(사랑하며)
266. 우리의 만남은(왕국과 소명)
267. 우리가 하나되어(시편 133편)
268. 저는 시냇가에(복 있는 사람은)
269. 지금 우리가(아름답게 하리라)
270. 주의 사랑 안에서
271. 서로 용납하라
272. 형제와 함께 사는 것
273. 갈릴리 호숫가에서
274. 하나님 앞에서(헤어짐 속에서)
275. 이날은 이날은
276. 하나님은 너를 지키시는 자
277. 하나님은 우리를

278. 사랑의 나눔
279. 주의 사랑으로 사랑합니다
280. 주님께서 주시는 그 사랑으로
281. 주님의 그 사랑이
282. 아버지여 우리는
283. 사랑합니다.
284. 하나님의 큰 사랑이
285. 모든 일이 끝나고
286. 하나님의 사랑을(주만 바라볼찌라)

## 특별찬양

287. 나 비록(꿈이 있는 자유)
288. 나의 사랑이 되시는 주여
289. 내게 음악 주신 분
290. 볼찌어다
291. 세상 슬픔에(사람들에게)
292. 양을 치는 목자들에게(아기 예수를 보고)
293. 여호와는 나의 목자시니
294. 예수 그분은
295. 예수 그 이름(그 이름)
296. 예수 나의 주님(귀한 이름 예수)
297. 예수님은 나의(모든 것 되시는 주님)
298. 왕 만왕의 왕(왕께 찬양해)
299. 우리가 간직해야 할(하연이에게)
300. 주의 얼굴 바라봅니다(주님만을 사랑합니다)
301. 크고 작은 만물속에(나 누구이기에)
302. 피곤한 하루(내일 일은 내일 염려하라)
303. 하나님께서는(물고기가 살 수 있도록)
304. 한 걸음 두 걸음(골목길 걸을 때)

# 가사첫줄 가나다순

## 가

가난한 자가(기쁨의 탄성) 206
갈릴리 마을 233
갈릴리 호숫가에서 273
거룩하신 성령이여 32

거룩하신 주님 249
거룩하신 하나님 213
거룩하신 하나님 67
거룩한 보좌 앞에 167
겸손하게 무릎 꿇고 84
경배하리 내 온맘 다해 159
고아들의 아버지 187
고요한 아침의 나라 2, 237
광야를 지날 때 44
구름같이 허다한(예수를 깊이 생각하자) 244
구원자 주 예수 110
그 이름 예수 164
기다려요 85
기뻐하라 시온의 딸 258
기뻐하며 즐거워하라 152
길 만들라 201

## 나

나는 가난하고(시편 40편) 89
나는 광대한 3, 212
나는 노래하리 195
나는 생명 양식 217
나는 알아요 223
나는 여호와니 20
나는 용서받았네 113
나는 주님을 찬양합니다 239
나는 주의 깃발 든 군사 238
나를 사랑하는 자들이(잠 8:17) 30
나를 정결케 하며 35
나 비록(꿈이 있는 자유) 287
나 약해 있을 때에도(주님만이) 178
나에게 생수 부으시니(내 잔이 넘치나이다) 246
나의 가는 길 4, 173
나의 만족과 유익을 위해 47
나의 발은 춤을 추며 125
나의 사랑이 되시는 주여 288
나의 앞에 계신 주님 109
나의 영이 218

나의 영혼아 잠잠히 22
나 여호와 치료의 주 138
나의 주님께(선물) 116
나의 주 다스리시네 163
나의 주 찬양합니다 27
나의 하나님 Ⅰ 137
나의 하나님 Ⅱ 59
나 주님의 기쁨되기 원하네 5, 154
나팔소리 천사의 노래 203
나 항상 주 송축하며 243
날 구원하신 주 222
날 도우시네 200
날마다 떠오르는(신실하신 주) 185
날 만나라 23
내가 길을 잃고 129
내가 산을 향하여 57
내 감은 두눈에(전부) 141
내게 오라 204
내게 음악 주신 분 289
내 구주 예수님 261
내 맘 깊은 곳 73
내 성의 기쁨의 기를 94
내 안에 사는 이 29
내 영 자유케 179
내 영혼의 구세주 111
내 영혼이 주를 156
내 영혼 주 찬양하며 72
내 주 같은 분 없네 112
너 근심 걱정 와도(주 너를 지키리) 127
너는 결코(너 결코 용기 잃지 말아라) 61
너를 사랑해 6, 143
너의 가는 길에(파송의 노래) 7, 259
너 있는 곳에서(거기서 찬양하라) 120
놀라운 인도자 24
놀라워라 184
능히 너를 보호하사 31

## 다

다 와서 주께 찬양 드리며 240
담대하라 263

더 넓은 세계를 172
두손 들고 소리 높여 70
두손 들고 송축하며 131
들으라 이스라엘 122

## 마

만왕의 왕께 121
맑고 밝은 날 124
메마른 우리 마음 62
모든 민족에게 8, 171
모든 일이 끝나고 285
무지개를(주님께 드려요) 153
무화과 나뭇잎이(난 여호와로 즐거워하리) 231
문들아 너희 머리를 149

## 바

보라 그 놀라운 주의 사랑을 128
보라 세상 죄를(하나님의 어린양) 9, 183
볼찌어다 290

## 사

사람들은 225
사랑의 나눔 278
사랑합니다 283
사랑해요 아름다운 이름 119
살아 계신 성령님 25
새벽 226
생명의 주 말씀 76
샬롬 예루살렘 197
샬루 샬롬 예루샬라엠 241
서로 용납하라 271
선하신 목자 93
성령이여 10, 234
세상 끝날까지(가라) 144
세상 슬픔에(사람들에게) 291
세상에 소중하고(사랑하며) 11, 265
세상의 유혹 시험이(주를 찬양) 208
셀라 셀라 51
수고하고 무거운 107

Praise
Hallelujah!

수많은 무리들 줄지어(예수 이름 높이 세) 169
신실한 하나님 134
실수하여 힘을(내가 네 안에 착한 일을) 142
심령이 가난한 자는 42

## 아

아버지 날 붙들어 주소서 139
아버지여 구하오니 140
아버지여 우리는 282
아버지 큰 사랑 감사해요 99
아침 안개 눈앞(언제나 주님께 감사해) 88
아침해 하늘에 솟아(주찬양) 132
알렐루야 103
양을 치는 목자들에게(아기 예수를 보고) 292
어린양 보라 49
얼마나 아프실까 38
여호와 나의 하나님 157
여호와는 나의 108
여호와는 나의 목자시니 293
여호와 우리 주여(시편 8편) 33
여호와의 영광을 190
영광과 존귀 192
영광을 돌리세(주님의 영광) 196
영문 밖으로 92
예수 경배하리 130
예수 그분은 294
예수 그 이름(그 이름) 295
예수 나의 주님(귀한 이름 예수) 296
예수 날 위하여 136
예수님은 나의(모든 것 되시는 주님) 297
예수님의 모습을(전능하신 하나님) 39
예수 안에 있는 나에게 199
예수 예수 예수 262
예수 존귀한 주이름 191
오 귀한 주이름 104
오 나의 주님 168
오라 주님께 즐거이(오라 우리가 주님께 노래하며) 64

오랫동안 기다려 온(그 믿음 간직하여라) 117
오 주님 155
오직 주님만 175
오 하나님 영광 존귀 215
오 할렐루야 147
온 세상 위한 십자가 91
온유와 위엄 46
온유한 마음을 주옵소서 98
와서 찬양 102
왕되신 주 214
왕 만왕의 왕(왕께 찬양해) 298
왕의 왕과 주의 주께 255
외로움에 지친(오시오) 207
우리가 간직해야 할(하연이에게) 299
우리가 하나되어(시편 133편) 267
우리는 모두 다(주님의 증인) 60
우리는 주님이 흘리신 피로 12, 97
우리는 한 몸 13, 146
우리들은 여호와를(주 여호와는 나의 힘) 55
우리를 사랑하신 80
우리 모두 손뼉을 치며 54
우리 모두 찬양하세 52
우리 보좌 앞에 모였네(비전) 14, 228
우리의 만남은(왕국과 소명) 266
우리 주님(내주를) 45
우리 주만 참 하나님 205
우리 주의 성령이 251
우리 함께 만나는(참 기쁜 노래) 264
우물가의 여인 224
우주 만물 창조하신 253
위대하신 주 하나님 158
위대한 주 63
위엄의 주 하나님 236
유월절 어린양의 피로 235
이날은 이날은 275
이 땅에 오직(주밖에 없네) 135
이 땅의 황무함을(부흥) 1, 227
이스라엘의 하나님 242

이 시간 주님께 101
이 시간 주님께 나온 우리들 21

## 자

저높은 보좌에 252
저는 시냇가에(복 있는 사람은) 268
전능한 하나님 아버지 58
전신갑주 입고 250
존귀한 주의 보혈 90
좋으신 하나님 114
주 그 이름 거룩 247
주께 구속된 자들이 232
주께 나아가세 28
주께 노래하세 68
주께 찬양드리세 96
주 나의 은신처 256
주 날개 밑에서 50
주 내 맘에 모신 후에 174
주 내 삶의 주인 되시고 87
주는 보이지 아니하시는 86
주는 우리의 도움 126
주는 우리의 소망 78
주님과 같이 182
주님께서 보낸(사랑의 편지) 145
주님께서 주시는 그 사랑으로 280
주님 나라 임하시네 15, 229
주님 보좌 앞에 나아가 216
주님은 나의 죄와 허물 37
주님은 나의 힘 74
주님은 항상 살아 계셔서 209
주님을 따르리 66
주님의 그 사랑이 281
주님의 날개 아래 살리라 176
주님의 사랑 34
주님의 성령이 105
주님의 영광이 106
주님의 진리를 150
주님 이곳에 71
주님이 주신 땅으로 230
주를 보네 48

주를 부르라 160
주말씀 148
주안에서 다 기뻐하세 56
주 알기 원합니다 41
주 앞에 이렇게 나와 82
주여 나를 주의 성소 69
주여 여기 오소서 189
주여 이 시간 주께 83
주 여호와가 통치하시네 165
주 예수 경배하세 194
주 예수 다스리시네 210
주 예수여 오시옵소서 26
주 예수 우리 죄 위해 186
주 예수의 이름 높이세 193
주의 강가로 40
수의 거룩하심 임할 때 161
주의 긍휼로 115
주의 사랑 안에서 270
주의 사랑으로 사랑합니다 279
주의 사랑을 16, 77
주의 사랑 주의 능력 254
주의 얼굴 바라봅니다(주님만을 사랑합니다) 300
주의 이름 높이며 17, 170
주의 이름 높이며 Ⅱ 100

주의 이름 부를 때 162
주의 이름을 260
주의 임재 앞에 잠잠해 75
죽임 당하신 어린양 220
죽임을 당하신 211
지금 우리가(아름답게 하리라) 269
지금 우리는(일어나 새벽을 깨우리라) 221
지치고 상한(주여 인도하소서) 181

## 차

찬송할 수 있을 때에 53
찬양의 보좌에 133
찬양하라 내 영혼아 Ⅱ 123
천사의 말을(사랑은 가장 귀한 것) 81
천지 지으신 65

## 카

크고 작은 만물 속에(나 누구이기에) 301

## 파

평강의 주님 43
피곤한 하루(내일 일은 내일 염려하라) 302

## 하

하나님 앞에서(헤어짐 속에서) 274

하나님 우리와 함께 하시네 257
하나님 한 번도 나를(오 신실하신 주) 36
하나님께로 더 가까이 180
하나님께서는(물고기가 살 수 있도록) 303
하나님은 너를 지키시는 자 276
하나님은 우리를 277
하나님의 사랑을(주만 바라볼찌라) 18, 286
하나님의 큰사랑이 284
하나님이 세상을 79
하늘에 있는 166
하늘이여 외치라 219
한 걸음 두 걸음(골목길 걸을 때) 304
한 아기가 우리에게 188
항상 기뻐해요 202
해 뜨는 곳부터 95
해빙되었네 198
해아래 새것이 없나니(새롭게 하소서) 177
형제여 우리 118
형제와 함께 사는 것 272
휘장을 지나 245

## G·R

GOD IS GOOD 248
ROMANS 16:19 19, 151

# 주제별 분류

## BEST SONG

고요한 아침의 나라 2, 237
나는 광대한 3, 212
나의 가는 길 4, 173
나 주님의 기쁨 되기 원하네 5, 154
너를 사랑해 6, 143
너의 가는 길에 7, 259
모든 민족에게 8, 171
보라 세상 죄를 9, 183

성령이여 10, 234
세상에 소중하고 11, 265
우리는 주님의 흘리신 피로 12, 97
우리는 한 몸 13, 146
우리 보좌 앞에 모였네 14, 228
이 땅의 황무함을 1, 227
주님 나라 임하시네 15, 229
주의 사랑을 16, 77
주의 이름 높이며 17, 170
하나님의 사랑을 18, 286

ROMANS 16:19 19, 151

## 경배와 찬양

거룩하신 주님 249
거룩하신 하나님 213
거룩하신 하나님 67
거룩한 보좌 앞에 167
겸손하게 무릎 꿇고 84
경배하리 내 온맘 다해 159
고아들의 아버지 187

Praise
Hallelujah!

그 이름 예수 164
기다려요 85
나는 광대한 3, 212
나는 노래하리 195
나는 알아요 223
나는 주님을 찬양합니다 239
나의 가는 길 4, 173
나의 앞에 계신 주님(계신 주님) 109
나의 영이 218
나의 영혼아 잠잠히 22
나의 주님께(선물) 116
나의 주 다스리시네 163
나의 주 찬양합니다 27
나의 하나님 Ⅰ 137
나의 하나님 Ⅱ 59
나 항상 주 송축하며 243
날마다 떠오르는(신실하신 주) 185
날 만나라 23
내가 산을 향하여 57
내 감은 눈안에(전부) 141
내 구주 예수님 261
내 맘 깊은 곳 73
내 영혼이 주를 156
내 영혼 주 찬양하며 72
내 주 같은 분 없네 112
놀라운 인도자 24
능히 너를 보호하사 31
다 와서 주께 찬양 드리며 240
두손 들고 소리 높여 70
두손 들고 송축하며 131
만왕의 왕께 121
무지개를 찾아(주님께 드려요) 153
보라 그 놀라운 주의 사랑을 128
살아 계신 성령님 25
생명의 주 말씀 76
샬롬 예루살렘 197
샬루 샬롬 예루샬라엠 241
선하신 목자 93
셀라 셀라 51
수많은 무리들(예수 이름 높이세) 169

신실한 하나님 134
심령이 가난한 자는 42
아버지 날 붙들어 주소서 139
아침해 하늘에 솟아(주 찬양) 132
알렐루야 103
어린양 보라 49
여호와는 나의 108
여호와 우리 주여(시편 8편) 33
여호와의 영광을 190
영광과 존귀 192
예수 경배하리 130
예수님의 모습을(전능하신 하나님) 39
예수 존귀한 주이름 191
오 귀한 주이름 104
오 주님 155
오직 주님만 175
오 하나님 영광 존귀(오 하나님) 215
온유와 위엄 46
와서 찬양 102
왕되신 주 214
왕의 왕과 주의 주께 255
우주 만물 창조하신 253
위대한 주 63
위대하신 주 하나님 158
위엄의 주 하나님 236
이 땅에 오직(주밖에 없네) 135
이스라엘의 하나님 242
이 시간 주님께 101
이 시간 주님께 나온 우리들 21
저 높은 보좌에 252
전능한 하나님 아버지 58
좋으신 하나님 114
주 그 이름 거룩 247
주께 나아가세 28
주께 노래하세 68
주께 찬양드리세 96
주 나의 은신처 256
주 날개 밑에서 50
주 내 맘에 모신 후에 174
주 내 삶의 주인 되시고 87

주는 보이지 아니하시는 86
주는 우리의 소망 78
주님께서 보낸(사랑의 편지) 145
주님 보좌 앞에 나아가 216
주님은 나의 힘 74
주님은 항상 살아 계셔서 209
주님의 날개 아래 살리라 176
주님의 사랑 34
주님의 진리를 150
주님 이곳에 71
주를 부르라 160
주말씀 148
주 여호와가 통치하시네 165
주 예수 경배하세 194
주 예수 다스리시네 210
주 예수여 오시옵소서 26
주의 거룩하심 임할 때 161
주의 사랑 주의 능력 254
주의 이름 높이며 17, 170
주의 이름 높이며 Ⅱ 100
주의 이름 부를 때 162
주의 이름을 260
주의 임재 앞에 잠잠해 75
죽임 당하신 어린양 220
죽임을 당하신 211
찬송할 수 있을 때에 53
찬양의 보좌에 133
찬양하라 내 영혼아 Ⅱ 123
천사의 말을(사랑은 가장 귀한 것) 81
천지 지으신 65
평강의 주님 43
하나님께로 더 가까이 180
하나님 우리와 함께(하나님 우리와 함께 하시네) 257
하나님은 한 번도 나를(오 신실하신 주) 36
하늘에 있는 166
하늘이여 외치라 219
해 뜨는 곳부터 95
휘장을 지나 245

Hallelujah!
Praise

## 간구

거룩하신 성령이여(잠 8 : 17) 32
나를 사랑하는 자들이 30
나 주님의 기쁨 되기 원하네 5, 154
성령이여 10, 234
아버지여 구하오니 140
온유한 마음을 주옵소서 98
이 땅의 황무함을(부흥) 1, 227
주 알기 원합니다 41
주 앞에 이렇게 나와 82
주여 나를 주의 성소 69
주여 이 시간 주께 83
주의 강가로 40
주의 긍휼로 115

## 감사

날 구원하신 주 222
아버지 큰 사랑 감사해요 99
아침 안개 눈앞(언제나 주님께 감사해) 88

## 헌신과 의탁

나의 만족과 유익을 위해 47
내 안에 사는 이 29
영문 밖으로 92
우리는 한 몸 13, 146
주님을 따르리 66
주님의 성령이 105
지금 우리는(일어나 새벽을 깨우리라) 221
형제여 우리 118

## 기쁨

가난한 자가(기쁨의 탄성) 206
기뻐하라 시온의 딸 258
기뻐하며 즐거워하라 152
나에게 생수 부으시니(내 잔이 넘치나이다) 246
나의 발은 춤을 추며 125
나팔소리 천사의 노래 203
내 성의 기쁨의 기를 94

너 있는 곳에서(거기서 찬양하라) 120
맑고 밝은 날 124
무화과 나뭇잎이(난 여호와로 즐거워하리) 231
오라 주님께 즐거이(오라 우리가 주님께 노래하며) 64
오 할렐루야 147
우리들은 여호와를(주 여호와는 나의 힘) 55
우리 모두 손뼉을 치며 54
우리 모두 찬양하세 52
우리 주의 성령이 251
우리 함께 만나는(참 기쁜 노래) 264
주께 구속된 자들이 232
주는 우리의 도움 126
주 안에서 다 기뻐하세 56
주여 여기 오소서 189
한 걸음 두 걸음(골목길 걸을 때) 304
항상 기뻐해요 202
GOD IS GOOD 248

## 구원

내 영혼의 구세주 111
내가 길을 잃고 129
너를 사랑해 6, 143
보라 세상 죄를(하나님의 어린 양)9, 183
사람들은 225
새벽 226
얼마나 아프실까 38
예수 날 위하여 136
온 세상 위한 십자가 91
외로움에 지친(오시오) 207
우리 주님(내 주를) 45
존귀한 주의 보혈 90
주님은 나의 죄와 허물 37
하나님이 세상을 79
한 아기가 우리에게 188

## 치유와 회복

광야를 지날 때 44
나는 용서받았네 113

나를 정결케 하며 35
나약해 있을 때에도(주님만이) 178
나 여호와 치료의 주 138
내게 오라 204
놀라워라 184
메마른 우리 마음 62
수고하고 무거운 107
실수하여 힘을(내가 네안에 착한 일을) 142
예수 예수 예수 262
오 나의 주님 168
우리를 사랑하신 80
우물가의 여인 224
주님과 같이 182
주의 사랑을 16, 77
지치고 상한(주여 인도하소서) 181
해아래 새깃이 없나니(새롭게 히소서) 177

## 선교와 전도

갈릴리 마을(가서 제자 삼으라) 233
너의 가는 길에(파송의 노래) 7, 259
더 넓은 세계를 172
세상 끝날까지(가라) 144
우리는 모두 다(주님의 증인) 60
주님이 주신 땅으로 230

## 선포와 명령

고요한 아침의 나라 2, 237
구름같이 허다한(예수를 깊이 생각하자) 244
길 만들라 201
나는 여호와니 20
들으라 이스라엘 122
모든 민족에게 8, 171
문들아 너희 머리를 149
오랫동안 기다려 온(그 믿음 간직하여라) 117
우리는 주님이 흘리신 피로 12, 97
주님 나라 임하시네 15, 229
주님의 영광이 106

Praise
Hallelujah!

## 영적 전쟁과 승리

나는 주의 깃발 든 군사 238
내 영 자유케 179
너는 결코(너 결코 용기 잃지 말아라) 61
담대하라 263
세상의 유혹 시험이(주를 찬양) 208
예수 안에 있는 나에게 199
우리 주만 참 하나님 205
유월절 어린양의 피로 235
전신갑주 입고 250
주님의 영광이 106
주를 보네 48
주 예수의 이름 높이세 193
해방되었네 198

## 축복과 평안

갈릴리 호숫가에서 273
모든 일이 끝나고 285
사랑의 나눔 278
사랑합니다 283

서로 용납하라 271
세상에 소중하고(사랑하며) 265
아버지여 우리는 282
우리가 하나되어(시편 133편) 267
우리의 만남은(왕국과 소명) 266
이날은 이날은 275
저는 시냇가에(복 있는 사람은) 268
주님께서 주시는 그 사랑으로(사랑송) 280
주님의 그 사랑이 281
주의 사랑 안에서 270
주의 사랑으로 사랑합니다 279
지금 우리가(아름답게 하리라) 269
하나님 앞에서(헤어짐 속에서) 274
하나님은 너를 지키시는 자 276
하나님은 우리를 277
하나님의 사랑을(주만 바라볼찌라) 286
하나님의 큰 사랑이 284
형제와 함께 사는 것 272

## 특별찬양

나 비록(꿈이 있는 자유) 287

나의 사랑이 되시는 주여 288
내게 음악 주신 분 289
볼찌어다 290
세상 슬픔에(사람들에게) 291
양을 치는 목자들에게(아기예수를 보고) 292
여호와는 나의 목자시니 293
예수 그분은 294
예수 그 이름(그 이름) 295
예수 나의 주님(귀한 이름 예수) 296
예수님은 나의(모든 것 되시는 주님) 297
왕 만왕의 왕(왕께 찬양해) 298
우리가 간직해야 할(하연이에게) 299
주의 얼굴 바라봅니다(주님만을 사랑합니다) 300
크고 작은 만물 속에(나 누구이기에) 301
피곤한 하루(내일 일을 내일 염려하라) 302
하나님께서는(물고기가 살 수 있도록) 303
한 걸음 두 걸음(골목길 걸을 때) 304

# ·BEST SONG·

이러므로 하나님이 그를 지극히 높여 모든 이름 위에 뛰어난 이름을 주사
하늘에 있는 자들과 땅 아래 있는 자들로 모든 무릎을 예수의 이름에 꿇게 하시고
모든 입으로 예수 그리스도를 주라 시인하여
하나님 아버지께 영광을 돌리게 하셨느니라(빌립보서 2 : 9 - 11)

# 1
# 부흥

느헤미야
합 3:2
♩=72
고형원
이 땅의 황무함을 보소서 - - 하늘의 하나님 - - 긍휼을
베푸시는 주여 우리의 죄악 용서 하소서 - - 이
땅 고쳐 주소 서 이제 우리 모두 하
나 되어 - 이땅의 무너진 - 기초를 다시 쌓을 때
우 리의 우상들을 태우실 - 성령의 불 - 임하소
서 부흥의 불길 - 타오르게 하소서 -
진리의 말씀 - 이땅 새롭게 하소서 - 은혜의 강물 - 흐르게
하소서 - 성령의 바람 - 이제 불어 와 오 -
주의 영 - 광 가득한 새 날 주소 서 오 -
주 님 나 - 라 이 땅에 임 하 소 서

# 2
# 고요한 아침의 나라

# 3
# 나는 광대한

사 60:1-3
고형원
고요한아침의 나라 길었던흑암의세월
하나님보우 하사 이땅에 새날이 왔네
주님이흘리신 보혈 생명의강으로흘러
죽었던이땅살리고 하늘 은혜열렸네
고요한아침의 나라 주를위해 주를위해
흰옷입은 주님의백성 일어나라 일어나라 빛을
발하라 주의영광네위에 임하였으니 빛을
발하라 열방에 빛비추라 너의 주를위해

Russell. L. lowe
예수전도단 번역
나는 광대한 주이름 찬
나는 광대한 주이름 찬
양 나는 영원히
양 나는 영원히
주를 높이리 왕의왕 주의주 통
치하네 그 크신 위엄으로 전능하신
아버지 만물의창조자
자 만물의창조자

일어나라 빛을 발하라. 이는 네 빛이 이르렀고 여호와의 영광이
네 위에 임하였음이니라. 보라 어두움이 땅을 덮을 것이며 캄캄함이 만민을
가리우려니와 오직 여호와께서 네 위에 임하실 것이며
그 영광이 네 위에 나타나리니 열방은
네 빛으로, 열왕은 비취는 네 광명으로 나아오리라
사 (60 : 1 - 3)

# 4
# 나의 가는 길

Don Moen
두란노 번역
♩ = 126
나 의가 - 눈 길 - 주님 인 도하 - 시네
광야 에 길을 - 만 드 - 시 고 - 날
그 는 보이지 않아도 - 날 위해 - 일 하
인 도해 사 막에 - 강 만
- 시네 - 나 의인 - 도 자 - 항상
드 신 것 - 보라 -
함 께하 - 시 네 - 매일 사 랑과 - 힘
하 늘과 땅 - 변 해도 - 그 의
주 시며 - 인 도하 - 시 네 -
말 씀영 - 원히 - 내 삶에 -
인 도하 - 시 - 네
새 일행 - 하 리 - -

보라 내가 새 일을 행하리니
이제 나타낼 것이라. 너희가 그것을
알지 못하겠느냐. 정녕히
내가 광야에 길과 사막에 강을 내리니
사 ( 42 : 19 )

# 5
## 나 주님의 기쁨되기 원하네

# 6
## 너를 사랑해

다드림 번역
최덕신

나 주 님 - 의기쁨되 - 기원 하 - 네 - 내
겸 손 히 - 내마음드 - 립니 - 다 -

마 음을 - 새롭 - 게 하소 - 서
나 의모 - 든것 - 받으소 - 서 -

새 부대 - 가되 - 게 하 - 여주 - 사 - 주
나 의맘 - 깨끗 - 케 씻 - 어주 - 사 - 주

님 의 빛 - 비춰 - 게 하소 - 서 - 내가
의 길 로 - 행하 - 게 하소 - 서

원 - 하는 - 한 - 가 지 -

주 님 의 - 기 쁨이되는것 - 내가

원 - 하는 - 한 가 지 -

주 님 의 - 기 - 쁨이되는것 -

너를 사 - 랑 - 해 내 가슴이 - 찢 - 어지 -

네 너를 사랑하 - 는 내마음 - 다 표현할 - 수 없 - 어 -

내 마음 - 괴로워하 - 네 너를 사 - 랑 -

해 내 손 과발 - 찢 - 기었 - 네 너를

위 험에 - 서 건지려 - 내 몸을던 - 져 널 위 - 해

내 손과 - 발찢 기었 - 네 너를 사 - 랑 -

해 내 품 에 널 안 - 으 리 -

바 다끝 - 이 라 도 - 하 늘폭 - 대 기 라 도
그 누구 - 가 너 를 - 정 죄한 - 다 하 여 도

거기서 - 도 널 지 - 키 리
내가너 - 를 용 서 - 하 리 너를 사 랑 해 -

# 7
# 파송의 노래

수 1:9
요 16:33
고형원
너의 가는길-에 주의평-강 있으라- 평강의 왕 함께 가-시
니 너의 걸음 걸음 주 인도하-시리 주의
강한- 손 넓이끄-시 리 너의 가 는길-에 주의축-복
있으리- 영광 의 주 함께 가-시 니 네가
밟는 모든땅- 주 님다스-리 리 - 너는
주의-길 예비케-되 리 - 주 님나라 위-하
여 길 떠 나는 나의형-제 여
주 께서가라-시 니 너는 가라 주의이름으로
- 거칠 은광야 위에- 꽃은 피어나고- 세상.
은 네 안에서- 주님의 영광 보리라- 강하고 - 담대하
라 세상 이기 신 주 늘함 -께- 너와 동행- 하시
며 네게 새힘 늘- 주시 리 -

내가 네게 명한 것이 아니냐 마음을
강하게 하고 담대히 하라 두려워 말며 놀라지 말라
네가 어디로 가든지 네
하나님 여호와가 너와 함께 하느니라 하시니라

수 (1:9)

# 8
## 모든 민족에게

K Steven Bosset
두란노 번역
♩=80
G  D/G  C/G  D/G  G  G/B
1. 모 든 민 족 에게 - - 주 성 령부어 주소
2. 모 든 열 방 에게 - - 주 성 령부어 주소
C  Am7  Em  G/D  D  G/D  D
서 - - 하 나 님 의 백 성 - - - (을)
서 - - 영 광중 에 오 사 - - 주
Am7  Cmaj7/E  Dsus  D  Am/D  G  D/G
주 의 말씀 죽 시고 - 꿈 과환 상
경 외 하게하 시고 - 큰 신능 력
D/G  C/G  D/G  G  G/B  C
주 사 - 주 의 비밀알 리노 서 -
으 로 - 땅 과 하늘흔 드소 서 -
Am7  Em  G/D  D  G/D  D  Am7  Cmaj7/E  G/D
우 리민 사 오 니 - 하 늘 이주 의 날 선포
주 를기 다 리 니 - 만 물 이주 의 날 올보
G/D  Dsus  D  G  D
- 케 하소서 -
- 게 하소서 - 그 날 엔주 - 의 영 이
Esus  Em  C  Am  F  Dsus  D
임하여 - 큰부흥이 - 땅 위에일 - 어 나 리 라
G  D  Esus  Em  C  D
모든영혼 - 깨어일 어날 때 - 주 예 수를 - 부
B♭sus  D  Em  Am7  D13  G
르 는자 는 - 구 원되 리 - - -

# 9
## 하나님의 어린 양

요 1 : 29
사 53 : 4-6
♩=64
고 형원
G  Bm  Am7  D
보라 세 상죄를지고 가는 하 나님 어린 양 그는
Bm  Em  Am7  D  D7
실로우리의질고를 지고 우리 슬 픔을 - 당하셨 다 보라
G  Bm  Am7
세 상죄를지고 가는 하 나님 어린 양 그는
Bm  Em  Am  Dsus  D
실로우리의질고를 지고 우리 슬 픔을 - 당하셨 다 그가
G  Bm  Am/C  Am7  D
찔림은 - 우리의 허물 우리의 허물 - 인 함이 - 요 그가
G  Bm  Am/C  Am7  D
상함은 - 우리의 죄악 우리의 죄악 - 인 함 이 - 라그가
Bm  Em  Bm  Em  C
징 계를 받음 으로 우리가평화누리 고 그가
Bm  Em  Bm  E  Am  Dsus  D
채 찍에채찍에 맞음으로 우리 가 우리 가 - 나음
G  Bm  Am  D7  G
을 - 입었도 - 다 나음 을 - 입었도 - 다 나음
Bm  Am  D7  Gsus  G
을 - 입었도 - 다 나음 을 - 입었도 - 다 -

# 10
# 성령이여

Brian Doerksen
최인혁
성령이여 내영혼에 넘치도록 채워주소서
- 채워주 소서 - - 주의사 랑
주의자비 간절하게 기다리오니 -
채워주 소서 - - 크신 자비
-로-내-죄-를-씻으 소서 - 순전하신
- 주의사-랑-을 - 새롭게 - 간절히
원하네 주임재 하 심을 간절히
원하네 주님의 임재 하 심을
1St Time D.C
2St Time D.S
3St Time D.S.S

# 11
# 사랑하며

세 - 상에 - 소중하고 - 귀 한것 너무 많 지만 -
세 - 상에 - 아름답고 - 귀 한것 너무 많 지만 -
주님께서 - 보내신 당 - 신은 - 정말 소중 하 고귀
주님께서 - 만드신 당 - 신은 - 정말 아름 답고 귀
- 해요 - 해요 저 하늘에 별 들 보다 - 들에
핀 꽃들 보 다 저하늘 에 빛 나 눈태
- 양 보다 -더 -욱 아름 답 고귀 - 해요 - 나눈
당 신을 - 당 신을 - 영 원한 주 의
사랑으로 - 사랑 하며 - 사랑 하며 - 사랑
하며 - - 살 - 겠어요 -

# 12

## 우리는 주님의 흘리신 피로

Graham Kendrick
두란노 번역
1. 우리는 주님이 흘리신 피로 친 백성 되었으
2. 하늘과 땅-의 모든 권세가 주 앞에 무너지
니
는 주의 권세와 그 큰 능력으로
승리의 그 날 곧 다가오리니
주 의 군대 삼으소 서 -
주 예수여 임 하소 서 -
가 라 주님과 온 세 상 향하여
주님의 백-성들 모두 다 외치세 예수 그리스도
권세와 능-력의 주 - 주 -
- - 주 - 예수 그리 스도 -
- 권능의 주 - - 예수 그리 스도 -
만왕의 왕

# 13

## 우리는 한 몸

♩=60
Robert Gay
예수전도단 번역
우리는 한 - 몸-성령 안에 서 - 주님의 사랑
으-로- 하나 되었 네-우리 손 에 검-들고 주를
찬양 하면서- 그땅 소유하-며 힘-차게 행진을 -하
네 - 우리는 주님의-백성 거룩 한 나 라요 주
님을 찬 - 양하-는 택하 신 족-속 우 리는
주님의-백성 거룩 한 나라요 주 믿는-성도 들
소리 높-여 주를 찬양해 - -

이 일 후에 내가 보니 각 나라와
족속과 방언에서
아무라도 능히 셀 수 없는 큰 무리가 흰 옷을
입고 손에 종려가지를 들고
보좌 앞과 어린양 앞에 서서 큰
소리로 외쳐 가로되
구원하심이 보좌에 앉으신 우리 하나님과
어린 양에게 있도다 하니
계 (7:9-10)

# 14
## 비젼

계 7:9-11
고형원
우리 보 좌앞에 모 였네 함께 주를 찬양 - 하
며 하 나님의 사랑그 아들 주셨네 그 의 피로 우린
구원 받았 네 십자 가 에서 쏟으신 그 사랑
강같이 온 땅에 - 흘 러 각 나라와 족속 백
성 방언 - 에서 구 원받고주 경배 드리 네
아 - 멘 찬 - 송과 영 광과 지혜
구 원하심이 - 보 좌에 앉으신 우 리 하나 - 님과 어
감 - 사 존 귀 와 능 력과 힘 우
린 양께 있도 다 구 원하심이 - 보 좌에 앉으신 우
리 하나님 께 세 세토록 아 멘
리 하나 - 님과 어 린 양께 있 도 다

# 15
## 주님 나라 임하시네

고형원
주님 나 라임 하 시네 - 주의 날은 멀지 않았 네 너는
일 어나 주 를 따 - 르 라 하나님 널부르 - 시 네 세상
은 아직 어둠 속에 - 빛되신 주 보기원하 네 너는
일 어나 그 빛을 발 - 하라 주님의 영광 네게 임 - 했
네 일 어나 주 위 해서라 - 강 한 용사 - 여 -
주님이 너와 - 너와 함께 하 - 시네 주께서 다 시 오실길 - 그
길 예 비 하 - 라 - 영광 의 주님 - 오
만 왕의 왕 - 곧 오시 네 -
여호와의 사자가 기드온에게
나타나 이르되 큰 용사여 여호와께서
너와 함께 계시도다
삿 (6:12)

# 16
## 주의 사랑을

Walt Harrah
예수전도단 번역
주의 사랑을 - 주의 선하심 - 을 -
주의 은혜를 생각 해 보 라 - 하늘
보 다도 더높으신 - 아 버 지의사랑
크 고 놀 랍 네
아 버 지사랑 크 고 놀 랍 네 -
내 어찌 - 그 사랑 - 잊 으 리 내
나 길을 - 잃고 - 헤 맬 때 그
어찌 주의 - 긍휼 - 잊 으 리 - 내
사 랑날 - 찾아 - 내 셨 네
영 혼의 - - 모 든 소원 - 만
족 시킨 - 하 나님 - -

# 17
## 주의 이름 높이며

Rich Founds
예수전도단 번역
주의 이름높 - 이 며
주를 찬양하 - 리 라 -
나를 위 해이 - 땅 에
오 신 주를찬 - 양 해 -
하늘 에서 이 땅에 - 내 - 려와
- 십자가 - 에 달려서 - 날 구 했네
- 무덤에 - 서 일어나 - 하늘로 - 올라가신
- 주의 이름높 - 이 - 리 - -

# 18
## 주만 바라볼찌라

하나 님 의 사 - 랑 을 사 모 하 는 자 하나
님 께 찬 - 양 과 경 배 하 는 자 하나
님 의 평 - 안 을 바 라 보 는 자 너의 모 든 것 창 조 하 신
님 의 선 하 심 을 닮 아 가 는 자
우리 주 님 이 너 를 얼 마 나 사 랑 하 시 는 지 하나
자 녀 삼 으 셨 네 하 나 님 사 랑 의 눈 으 로 너 를
어 느 때 나 바 라 보 시 고 하 나 님 인 자 한 귀 로 써 언 제
나 너 에 게 기 울 이 시 니 어 두 움 에 밝 은 빛 을
비 쳐 주 시 고 너 의 작 은 신 음 에 도
응 답 하 시 니 너 는 어 느 곳 에 있 - 든 지
주 를 향 하 고 주 만 바 라 볼 찌 라
라 주 만 바 라 볼 찌 라 -

# 19
## ROMAN 16:19

Dale Garrott.
John Mark Childers
Ramon Pink and
Graham Burt

Spoken
Ro - mans six - teen nine - teen says - Ro - mans six - teen
Sung
nine - teen says - 선 한 데 는 - 지 혜 롭 고 - 악
한 데 는 - 미 련 하 라 - 선 한 데 는 - 지
혜 롭 고 - 악 한 데 는 - 미 련 하 라 - 평 강
의 주 님 속 히 사 단 을 너 희 발 아 래 에
상 하 게 - 하 리 평 강 의 주 님 속
히 사 단 을 너 희 발 아 래 에 상 하 게 - 하 리

너희 순종함이 모든 사람에게 들리는지라
그러므로 내가 너희를 인하여
기뻐하노니 너희가 선한데
지혜롭고 악한데 미련하기를
원하노라 평강의 하나님께서
속히 사단을 너희 발
아래에서 상하게 하시리라
롬 (16 : 19, 20)

# ▪ 경배와 찬양 ▪

아버지께서 참으로 예배하는 자들은
신령과 진정으로 예배할 때가 오나니 곧 이때라
아버지께서는 이렇게 자기에게 예배하는 자들을
찾으시니라(요한복음 4 : 23)

# 20
# 나는 여호와니

사 42:8
43:7.21
고 형원
♩ = 64
나 는 여호 - 와니 - 이는 - -내이름 이라 - - 나
는 나의 영광 - 을 -다른자에 게 주지 않으 리라 - 나
는 여호 - 와니 - 이는 - -내이름 이라 —— 나
는 나의 찬송 을 -우상에 게 -주지않으리라 - - 오
라 나의 아들 딸 들아 나의 영광위 -해창 조한자 -들아 나
의 찬송 부르 게 내 가 너희를지었으 니 -
가 너희를 내 가 너희를- 내가너희를지었으 니 오
라 오 라 오 라 오 라 -

# 21
# 이 시간 주님께 나온 우리들

# 22
# 나의 영혼아 잠잠히

최 덕신

시 62 : 5-7

박 윤호

이시간주님께나온 우 리들 - 두손모아기도를드
리 고 서 방황하던이 마음 - 주님 품에 맡
기 세 - 마음과뜻과 정성 다 하여 -
기도하는 어린 양들 -을 주님께선그 품에 -
고 이 안아 - 주 시 리 모두다 나 와손에 - 손을
잡고 - 다 함께 주를 찬양 해 이시간
우 리의모 두 - 것을 - 주님께맡 기 세

나의 영혼 아 잠 잠 히 -
오직 주만 나 의반 석 -
나의 구원 과 영광 이 -
하나 님만 바 라 - 라 -
나의 구원 이 시 - 요 -
하나 님 께 있 음이 여
대저 나의 소 망이 주 - 로
나의 산성 이 시니 내 - 가
내힘 의반 석 과피 난 처 도
주로 좇아 나 는도 다 -
요 동 치아 니 하 - 리 -
하 나 님께 있 도 - 다 -

나의 영혼아 잠잠히 하나님만 바라라 대저 나의 소망이
저로 좇아 나는도다 오직 저만 나의 반석이시요
나의 구원이시요 나의 산성이시니
내가 요동치 아니하리로다
나의 구원과 영광이 하나님께 있음이여
내 힘의 반석과 피난처도 하나님께 있도다
시 (62 : 5 - 7)

## 23
# 날 만나라

Kirk Dearman
다드림 번역

날 만나라 날 만나라 그-
롭 날개 사- 이에서 날 만나라
날 만나라 날 만나라 그-
롭 날개 사- 이에서 날 만나라

2. 주 경배해  3. 주 만나리

## 24
# 놀라운 인도자

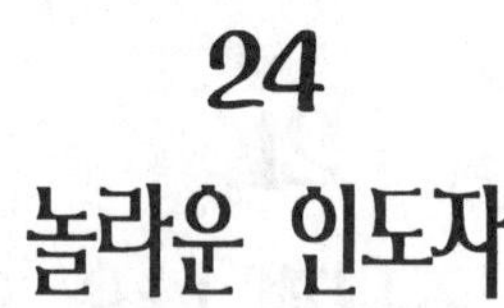

Bill Yarger
다드림 번역

1. 놀 라운- 인 도자- 예-수- -
2. 전 능의- 하 나님-
3. 영 원하- 신 아 버지-
4. 평 강의- 왕 이신-

나를살- 펴 아 소서- 예-수- -
가장귀- 한 이 -름-
변 함없- 고 거 룩한-
내 근심 — 아 소서-

인 -도 — 하 소서- 예-수- -
영 -광 — 찬 -양-
함 -께 — 하 소서-
씻기 소서 - 눈 -물-

놀 라운- 인 도자- 예-수- -
전 능의- 하 나님-
영 원하신- 아 버지-
평 강의- 왕 이신-

## 25
# 살아계신 성령님

Paul Armstrong
두란노 번역

살 아계신 성 령님 날 붙드소 서
살 아계신 성 령님 날 살피소 서
채 우소 서 채 우소 서
성 령하나 님 새롭 게 하소 서

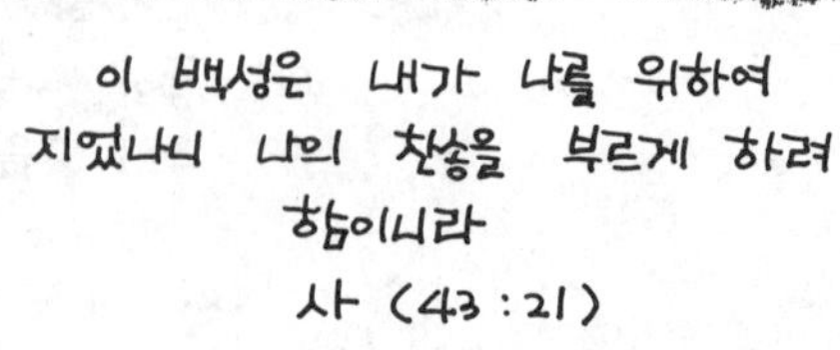

이 백성은 내가 나를 위하여
지었나니 나의 찬송을 부르게 하려
함이니라
사 (43 : 21)

# 26
## 주 예수여 오시옵소서

# 27
## 나의 주 찬양합니다

Jill Gallina
두란노 번역
계 22:20
주-예수--여  오시옵소--서
우리 마음-모아  서로사랑하는세-상을
당신 오십-을 나 기 다 림 니 다-
만들렵니-다 당 신 뜻을 따라-
그날이 오면이 세상-슬픔 사라-지고
난 주와-영원히함께걸 으 리
전쟁그치고 평 화와사랑만 있게되리라-평화
우리주예수 만 민을위하여 예 비 하신곳-
와 사랑이 넘치는 세상-주님 오실날 위해
1. 우리는 항상 예비 하리라-그날 의주-
2. 주께서 예비하 신곳--평화와 사 랑넘치
눈세 상-새하늘 새땅 영 원 한 그의 나라-
오시옵소-서  나-의 주

Kirk Dearman
& Jimmills
두란노 번역
나 의 주 찬양 합 니 다
찬양 합 니 다
나 의 주 송축 합 니 다
송축 합 니 다
영원하 신 아 버지께  모 든 만 물
경 배 해  모 든 만 물
경 배 해 아-멘-

이것들을 증거하신 이가
가라사대 내가 진실로 속히 오리라
하시거늘 아멘 주 예수여
오시옵소서
계 (22:20)

# 28
## 주께 나아가세

With a steady rhythm
David Fellingham
두란노 번역
주께 - 나아가 세 - 온 전 한
믿음으 로 그 때에 주 가 우 - 리 를
가 까 이 하 시 리 -
성 소 에 - 서 서 - 확 신 을
가 지 고 어린양피로 우리를
깨 끗 케 하신주 경 배 드 리 리 -

# 29
## 내 안에 사는 이

Gary Garcia
두란노 번역
내 안에 사는 이 예 수 - 그 리 스 도 - 니
나 의 죽 음 - 도 유 익 - 함 이 라 나의
왕 내 노 래 내 생 명 - 또 내 기 쁨 나의
힘 나의 검 내 평 강 - 나의 주 -
Coda
익 - 함 이 라

# 30
## 나를 사랑하는 자들이

잠 8:17
김 성 훈 곡
나를 사 랑하는 자들 이 나의 사 랑을 입으
며 나를 간 절히찾는자 가 나를 만 날것 이니
라 나를 사 랑 하 는 자가 나를

간 절히찾는자 가 나를 가 나를 사랑 하는
자가 나를 간 절히 찾는 자 가

# 31
## 능히 너를 보호하사

# 32
## 거룩하신 성령이여

David Morris
예수전도단 번역

능히너를 보호 하사 넘 어 지지않 -
고 주영 광앞에흠 없이 서 - 서
기 뻐하게하신 - 주 - 구주 예 수님 의 -
은 혜로 우 리 하나 님 - 께 - 모든
영 - 광 - 크신 위 - 엄 또 권력과 - 모든
권 - 세 이 제 와 영원 히아 - 멘

Chris A. Bowdter

1.거 룩 하 신 - 성 령 이여 - -
2.우 리 에 게 - 임 하 소서 - -
성 령의 - 불 로 오 셔서 -
세 상 헛 된마 - 음 태우소서 -
손 들고 - 주를 바 랄때 -
성 령 이 여 - - 성 령 이 여 - -
성 령 이 여 - - 임하소 서 - -

D·C Fine

# 33
## 시편 8편

# 34
## 주님의 사랑

시 8
최 덕신 곡
여 호와 우리 주-여- 주의 이름이- 온 땅-에- 어
찌 그리아름다 운지요- 어 찌 그리아름다 운지요-
여 호와 우리 주-여- 주의 이름이- 온 땅-에- 어
찌 그리아름다 운지요- 어 찌 그리아름다 운지요-
주의손가락으로 지은 신- 주 의하늘과 -
주의베풀어두신 달과 별- 내 가보오 니 -
사 람이 무엇 이관대-주께 서저를- 생각 하시며-
인 자가무엇 이관대- 저 를 권고 하시 나이까-

채한성 곡
주님의사랑 주님의사랑 너무 -나도좋아 요
그 사랑안 에 영원히 있겠어 요 -
주님은나의 주님은나의 영원한찬송이시 니
나는주님 을 영원히 찬양해 요 -
하늘에떠다니 -는 구 름도- 주님을 사랑하 며
공중을나는 - 새들도- 주의 사랑을 - 찬양해 요 -
주님을 사 랑 해요 - 주님을 찬 양 해요-
모든만물 지 으신- 주님 의 사 랑

여호와 우리 주여 주의 이름이 온 땅에 어찌 그리
아름다운지요 주의 영광을 하늘 위에 두셨나이다
시(8:1)

# 35

## 나를 정결케 하며

Michael Christ
예수전도단 번역
♩=66
C    G/B    Am7    Am7/G
나를 정결케 하－며 내게
F    F/A F    G    F
생명 주신－보－혈 구속의 제물되
G    C    Em7    Am    Am/G
사 나의 죄 대속 한 보－혈－ 날 씻으
F    Fm    Fm6/D    C    G/B
소 서 흰 눈보다 더 희게－ 더희
Am7    Am7/G'    Dm    F/G    G7    C
게 ─── 예 수는－ 하 나님－ 어린 양

# 37

## 주님은 나의 죄와 허물

최덕신
Cadd2    Cdim9    Cadd2    Am9
주 님은 나의 죄 와 허－ 물
내 가아 직죄 인 되 었을 때
Dm    C/E    Dm/G    G
모 두사 해 주셨으 니 ─ 나도
주 날사 랑 하셨으 니 ─ 나도
Am    E/G#    C/G    F#dim7
형제의 잘－못 과－ 부－족 함
자매의 모－습 있는 그 대로
Dm7    Gsus    G    Csus4
용 서하 기 원해 요 ─
사 랑하 기 원해 요

# 36

## 오 신실하신 주

최 용덕
C    F    C
하나님한 번도 나를－ 실망시킨 적 없으
지나온 모든세 월들－ 돌－아보－아－
G7    C    C7    F    F#dim
시고－ 언 제나공 평과 은혜－로
도－ 그 어느것 하나 주 의손길
G    Gsus4 G7    G    G7    C    C7
나를 ── 지키셨 네 오 신실 하신 주
안미 친것 전혀없 네
Fmaj7    C    C7    F    Am
오 신실 하신 주 내너를떠나지도 않으리라
Dm/F    D7/F#    Gsus    G7    C
내너를버리지도 않으리라 약 속하셨 던 주님
F    Dm/F    D7/F#    G    G7    C    C7
─ 그 약속을 지키 사 이 후 로도 영원
F    Dm7    G    G7    C
토록－ 나를 지키 시리라 확신하 네

이것을 너희에게 이름은 너희로
내 안에서 평강을 누리게
하려함이라 세상에서는 환난을
당하나 담대하라
내가 세상을 이기었노라 하시니라
요 ( 16 : 33 )

# 38
## 얼마나 아프실까

사 53 : 4
송 명희 사
김영서 곡
C  G/B  Am  Am7/G  F  Dm7
얼 마 나 아 프 실 까 - 하 나 님 의 마 음
G6  Gaug  C  G/B  Am  Am7/G
우 - 인 간 들 을 위 하 여 아 들
F  G6  G  C  F/G  G7  C  G/B
을 제 물 로 삼 으 실 때 - 얼 마 나 아 프 실
Am  Am7/G  F  Dm7  G6  G  Gaug
까 - 주 님 의 몸 과 마 음
C  G/B  Am  Am7/G  F  G7
사 람 들 을 위 하 여 십 자 가 에 달 려 제 물 되 실
C  Bb/C  C7  F  A7  Dm7
때 - 얼 마 나 아 프 실 까 - 하 나
Gsus4  G  C  Bb/C  C7  F  A7
님 - 가 슴 은 - 독 생 자 주 셨 건
Dm  D  D7  G
만 - 인 간 들 부 족 하 다 원 망 할 때
G/A  G/B  C  G/B  Am  A7/G  F
- 얼 마 나 아 프 실 까 - 주 님 의
D7  Gsus4  G/A  G/B  C  G/B  Am
심 령 은 - 자 신 을 주 셨 건 만
Am7/G  F  G  F/C
- 사 람 들 부 인 하 며 욕 할 때 -

# 39
## 전능하신 하나님

백 승남
C  Fm9/C  C  Fm/C C  Fm9/C  C  Fm/C
1. 예 수 님 의 모 습 을 - 생 각 하 - 면
2. 예 수 님 의 사 랑 을 - 느 낄 때 - 면
C  G/B  Am  Gsus4  G7
늘 항 상 내 마 음 - 평 안 해 -
아 무 것 없 어 도 - 충 분 해 -
C  Fm9/C  C  Fm/C  Fm9/C  C  G/B
예 수 님 의 모 습 을 - 생 각 하 - 면
예 수 님 의 사 랑 을 - 느 낄 때 - 면
Am  C/G  Dm7  G
내 맘 에 기 쁨 이 가 득 넘 치 네 - 영 원
그 사 랑 내 맘 을 황 홀 하 게 해 -
C  E7sus4  F  C  Gsus4
한 주 님 의 사 랑 - 찬 양 해 나 의 하 나 님 되 심 을 모 든
C  Esus4  E/B  Am  Am/G F  C
것 - 창 조 하 시 는 전 능 하 신 - 하 나 님

# 40
## 주의 강가로

R. Edward Miller
예수전도단 번역
C  A7  Dm  G
주 의 강 가 로 가 게 하 소 서
Dm  G  Csus4 C
주 의 강 가 로 가 게 하 소 서 주 의 강
C7  F  Fm/Ab  C/G  A7
가 로 가 게 하 소 서 이 끄 소 서
Dm7  G  Dm/F C/E G/D  C
채 우 소 서 살 리 소 서

## 41
# 주 알기 원합니다

예수전도단 번역

주 알기 원 - 합니 다 보기를 원 - 합 - 니
다 주 영 광 의 빛 - 비춰 주소 서
- 내 모든 말 과 삶 속 에 서 주님 만을
닮기 를 원합니 다 오직 주 님께 - 영
광 돌려 드리 리

## 43
# 평강의 주님

요 4:24

Robert Gay
두란노 번역

평강의 주님 세상 빛이 - 되셨네 왕되신 주께
온 맘 다해 - 찬양해 경 배하리 신 령과 진정으 로
소 리높여 주 이름 찬양 - 해 나 의 모든 삶을 오
직 주님께 드 리리 나 를 받으 소서 나의 왕 - 나의 주

## 42
# 심령이 가난한 자는

마 5:3-10

여명현

심령 이 - 가난한 자 는 천국 이 - 저희것이 요
한 자복이 있나 니 땅을 기 업으로 받겠 네
애통 하 는 자는 복 있네 위로 를 - 받을 것이 요 온유
의에 주리고 목마른 자 는 저의 배 - 부를 것이
요 긍휼 히 여기는 자 는 긍휼 히 여김받겠 네
마음 이 청결한 자 는 하나 님 을 볼 것이 요
화평 케 - 하는 자 - 는 하나 님의 아들이라 일컫 네
의를 위 하여 핍박받는 자 천국 이 - 저희것이 라
내게 도 주소 서 내가 복 을 받기 원하 네
오 - 내 - 주 - 여 주소 - 서 아 - 멘

하나님은 영이시니
예배하는 자가 신령과 진정으로
예배할찌니라
요 (4:24)

44
광야를 지날 때
신 8:2.16
최덕신
광야를지날 때 - 시험을당할 때
- 어려운순간 에 - 인 내 하 라
- 기 뻐 하 라
- 감 사 하 라
- 주 너를훔드 사 - 감추인어두 움
- 그 시련을통 해 - 너를단련하 사
- 모든일합하 여 - 선을이루시 며
- 드러내주시 리 - 인 내 하 라
- 정금 같이되 리 - 기 뻐 하 라
- 승리 케하시 리 - 감 사 하 라
- 주 안 에 서 - 인 내 하 라
- 기 뻐 하 고 - 감 사 하 라
- 주네방패되 사 - 그선하심으 로
- 늘함께하시 며 - 지 키 시 리 -

45
내 주를
장인호
1. 우리주님 크신사랑 한없건 만
2. 주님을판 이 죄인도 용서하시 려
주님가신 그길만은 가질못 했 네
주님홀로 외로운길
가야 만 했 나 오 주 님 의- 그모습은
손 과 발 다- 찔리신 피 흘-린참 사랑을- 보여주셨
- 네 - 오 나 의 예수님 -
왜 십자가-홀 로 지셨 나 -요 -
왜 나를-사 랑 하셨 나 -요 -
대신죽은 사랑 은 나를살리시었 네
내가살아갈동 안 찬양하게하소 서 내주-
를 - 내주- 를 - 내주- 를 -

# 46
## 온유와 위엄

# 47
## 나의 만족과 유익을 위해

Graham Kendrick
최유신 번역

Graham Kendrick
두란노 번역

1. 온유와 위-엄 인성과 신-성 완전한
2. 하나님의 본-체 무죄한 주-님 십자가
3. 무궁한 지-혜 전능한 하나님 불멸의

조-화를 이루셨-네 영원하신-주
죽기까지 복종하셨네 생명을 주시려
사-랑 나 타내셨-네 무한하신-주

육신을 입으사 겸손히 무릎꿇고 발을
십자가 달리사 저들을 용서하소서-
우리를 들으사 높으신 보-좌로-

씻기셨 네 오늘라 와-라 온유와
기도했 네
이끄시 네

위-엄 - 굽혀경 배해 -

- 너 의하나 님 - - 너

의 하나 님 - -

1. 나의 만족과유익을위-해 가지려했던세
의 능력체험 하면-서 주의 고난에동

상 일들 이젠 모두다 해로 여기-고 주님
참 하고 주의 죽으심본을 받 아-서 그의

올 위해다 버리 네 내안 에 가장
생 명에참 예하 네

귀한것 주 님을앎이 라 모두

것 되시며- 의와 기쁨되신 주 사랑 합니다

- 2.부활 합니다 - 나의 주 -

나를 사랑하는 자들이 나의 사랑을
입으며 나를 간절히
찾는 자가 나를 만날 것이니라
잠 (8:17)

# 48
# 주를 보네

David W. Morris
& Mike Messa
예수전도단 번역

주를 보네 죽음 의 고 난을 당하신주
님 영광 과존귀로관쓰 신
모 든 권 세가지신주 님 - - 예수를
보 네 보 좌우편에앉으신 주
우 리 위해중보하시 네 말
씀 으로만물불드신 주 ——— 주
눈 영 광 의왕 - 빛 나눈 승 리자 정
사와 권세이기신-주님 - 주 눈영광의왕-
빛 나눈 승리자 원 수를 잠 잠케하 - 셨네
- 승 리 의왕 - 예수 - 세
상 주관 - 자들 - 모두 결 박하 - 셨 네 -

# 49
# 어린양 보라

Cathy Perrin
예수전도단 번역

어린 양 보 라 어린양 보 라
보좌에 계 신 하 나 님어린 양
어린양 보 라 어린 양 보 라
보좌에 계 - 신 하 나 님어린 - 양 -
천 군과 천 사들이 어 린 양께 영 광
엎 드려 경 배하세 영 원 토 - 록 - 어린양 보

이튿날 요한이 예수께서 자기에게
나아오심을 보고 가로되
보라 세상 죄를 지고 가눈
하나님의 어린양이로다
요 (1 : 29)

# 50
## 주 날개 밑에서

시 63
조준모
날 개밑에 서 노래 하 네
주 영 이주 께 매 달 리네 나
의 생 명 되 신 주 주
의 구 원 되 신 주 내
날 개밑에 서 노래 하 네 나 의 안
영 이주 께 매 달 리 네 나 의 반
식 되 신 주 주 날 개밑에 서노래
섬 되신 주
하 네 주 날 개 밑 에 서
그 크 신 사 랑 안 에 서
주 를 찬 양 하 네
내

# 51
## 셀라 셀라

1. 셀라셀라 주 님께 소 리를 더높 여서 오
2. 임마누엘 주 님은 우 리와 함께 하죠 오
영 광영광 주 님의 이 름을 더빛 내요
할 렐루야 주 님을 다 함께 찬양 해요
온 세 상 들 온 만민 들 모두
다 모여 서 주 하 나님을 노래 해요

# 52
## 우리 모두 찬양하세

백승남
우 리모두 찬양하세 그 거룩하신 주이름 을
우 리모두 찬양하세 거룩하 신 주이름
온 세 상에널리 전파하세 그 의크신이름 을
우 리 모두함께 목소리높 여 기쁨으로 찬 양

## 53
## 찬송할 수 있을 때에

## 54
## 우리 모두 손뼉을 치며

백 승남

찬송할수 있을때-에 우리마음 하-나로-
크신주님 의 사랑-을 높이 찬양 해
환 란 가운 데- 계 시 며
어둠과 참빛을 주 관하-시는 -
우리의 벗되며 - 우리의 주이신-
예수님 늘 찬양-하 세 -

Peter Jacobs

우 리모-두손 -뼉을치-며 소리높여-주님
찬양 해 우 리모-두손 -뼉 을 치-며
주 님찬-양해 (손뼉) 주님-의거 -룩 한이-름
영 원-히 찬 -양 —해요 모 두-다 손
-뼉을치-며 주 님찬-양해 (손뼉) 우리모-두
기 쁨으로 귀하신주-님을 찬양해-
우 리모-두 거 룩하신 주님찬-양해

나는 여호와니 이는 내 이름이라 나는
내 영광을 다른 자에게, 내 찬송을
우상에게 주지 아니하리라
사 (42:8)

# 55
## 주 여호와는 나의 힘

합 3:18-19 · 백승남

우리들은- 여호와를- 인하여즐 거워하며-
나의구원- 하나님을- 인하여기 뻐하리-
인 하여즐 거워하리-로다 주 여호
와 는나의 —힘 내발을 사슴과같 게- 하사
나 로나 의높은곳 —에 다 니게하시 리

# 56
## 주 안에서 다 기뻐하세

예수전도단 번역

주안에서- 다 기뻐하세- 주의사랑- 다 찬양하세-
주께더가까이나가 동 행하 - 며 주안에서- 다
기뻐하세 - 내게곡식이 풍성 할때보다-
새포도주가 풍성 할때보다-
주의기쁨-더넘치 네 네 여호 와여 주의 얼굴
을 들어- 내 게 비추 소 서- 여호
와여 주의 얼굴 을들어- 비 침 주소 서

# 57
## 내가 산을 향하여

시 121:1.2 · 김영기

내가 산을 향 하여- 눈을 들리 라
나의 도움 이 어디 서 올- 꼬
천지 주신 여 호와- 나의 왕이 여
영원 무궁 히 지키 시 리로 다

나는 여호와를 인하여 즐거워하며
나의 구원의 하나님을
인하여 기뻐하리로다 주 여호와는
나의 힘이시라
나의 발을 사슴과 같게 하사 나로
나의 높은 곳에 다니게
하시리로다
합 (3:18.19)

# 58
## 전능한 하나님 아버지

In a lively half-time
Mark & Helen Johnson
and Chris Bowater
두란노 번역

전 능한 - 하 나님-아 버 -지 기묘라
모 사라 - 평 -강-의 왕- -
1. 하늘의 주시 -요 그이름 임 마 누엘-
둠 속에 빛이 -요 평강으로 인 도해-
우 리 가운데- 함께하-는 구 원의 -주
사 랑 가운데- 용 서와-구 원 베푸 -신
영원한 하나 - 님 온땅의 주 되 시며-
말씀의 빛이 -요 만백성 의 영 -광-
그 사 랑으로- 새 생명 - 주 네- -
하 나 님 아들- 사랑의 -선 물- -

# 59
## 나의 하나님 II

이 유정

나의하나 님 나의구원 자 주여- 내모든생
나의하나 님 나의피난 처 주여- 내모든생
각 주관하소 서 나의전부 를 주께드리
활 주관하소 서 나의영으 로 주께드리
기원해- 내게오셔 서 -깨우쳐주소 서 전능하신
기원해- 나의마음 을 --열어주소 서
주 유일하신 주 나의입술 로 주찬양합니
다 영원하신 주 살아계신 하 나님- 나의영으
로 주경배합니 다 나의하나 다

내가 나의 침상에서 주를
기억하며 밤중에 주를 묵상할 때에
하오리니 주는 나의 도움이
되셨음이라 내가 주의 날개
그늘에서 즐거이 부르리이다
시 (63 : 6. 7 )

# 60
## 주님의 증인

최 덕신
우 리 는 모 두 다 - 주님의 증 - 인 -
- 땅끝까 - 지 이르 러 - 주 복음 전하 세
우 리 는 모 두 다 - 주님의 증 - 인 -
- 땅끝 까지 이르러 - 주 복음 전하 세
죄인위해 십자 가 - 지신 고 난 의주 님 -
사망권세이기 고사신 - 부활 의주 님 -
다시오심 약속하 - 신 재림 의주 님 -
- 땅끝까지 이르러 - 주 님 - 전하 세
세 주 님 - 전 하 세

# 61
## 너 결코 용기 잃지 말아라

♩ = 144
정 종원
너는 결코작지 않도다 - 너를위해 - 이루신 - 주님의
- 능력을보 - 라 - 너는이제 - 약하지 않도다 - 네안에
- 계신주님 - 이 세 상보다크시 - 니 -
너 결 - 코 - 용 - 기잃지 말아 - 라 주 - 가너와
함 께 - 하 시리니 - 너결 - 코용 - 기용 - 기잃지
말 아 - 라 주 - 가너와 함 께 - - 하시리라 -

무릇 내 이름으로
일컫는 자 곧 내가 내
영광을 위하여 창조한 자를
오게 하라
그들을 내가 지었고 만들었느니라

사 (43 : 7)

# 62
## 메마른 우리 마음

# 63
## 위대한 주

Don & Valerie Dalton
두란노 번역
♩=126
G  Csus²  Csus/D
Csus/D  Csus²/E  Fimaj7  Em7  Dm7  F/G
Csus²  Csus/D
Csus²/E  Bb  F/A  G²sus
G7  Gsus  Em7  Am  Em7
F  Dm7  F/G  Csus²  C  G  Am
Am  Em7  F
1. 메 마른우-리마-음- 황 폐 한이-땅에
- 강물 같은주-의은 -혜 부어 주소 서
성 령의-비내 -려- 우 릴씻-으소 -서-
우리 마음을 - 새 롭게 하소 서
- 성령 의 - 단비 를 - - - 온
세계위에 부 어주- 소서 - - 성령 의
- 단비 로 주의 빛과 능력

Micheal W. Smith
& Deborah W. Smith
다드림 번역
♩=176
C  Dm  G/B  C  F/A  G
F  C/E  Dm7  C  Dm  G/B  C
F/A  G  F  C/E  Dm7  C  Bb/C  F/C  Bb/C
F  C/E  Dm7  C  Bb/C  F/C  Bb/C  G/C  C
Bb/C  F/C  Bb/C  D  G  E  Am
Dm  Dm7  Gsus  G  1. Am
Am/G  2. C  Csus  C
위대한주 그는 거룩한분 그능 력으로우 린믿
네 - 위 대 한주 그는 진 실 한분 그의
궁 휼에 사 랑넘 쳐 - 위 대 한주 영
광받을주님 위대한주 찬 양 받을분
위 대한주 목 소 리높여 목 소 리높여
위 - - 대 한 주
- - 주 -

우리 주 하나님이여 영광과 존귀와 능력을 받으시는 것이
합당하오니 주께서 만물을 지으신지라 만물이
주의 뜻대로 있었고 또 지으심을
받았나이다
계 (4:11)

# 64
## 오라 우리가 주님께 노래하며

Robert E. Mason
다드림 번역
오라 주님께 즐거이 노래하며 - 반
석향해 외 - 치 - 자 감사 함으로 그 앞에
나 - 가 — 며 기 쁜 노래 부 - 르
자 그 눈 위 - 대한 하 나 님 온 땅
위 에 위대 - 하신 왕 그 눈 위 - 대한
하 나 님 온 땅 위 에 위대 - 하신 왕 -

# 65
## 천지 지으신

Laurie Jasurda
예수전도단 번역
천 지 지으신 주님안에 나 - 의 믿음 있 -
네 천 지 지으 신 주 님안에
나 의 믿음 있 네 씽 할 렐 루 야
할 렐 루 - 야 할 렐 루 야
할 렐 루 — — 할렐루 야 — -

오라
우리가 여호와께 노래하며
우리 구원의 반석을 향하여
즐거이 부르자
시 (95 : 1)

# 66
# 주님을 따르리

마 16:24-25
Morris Chapman
최 덕신
주님-을 따르-리 내 십자가지-고 주따르-
리 주님-을 따르-리 내 십자가지-고 주따르-
리 리 주를 따르려거-든자기 를부인하-고 따르
라 - 주를 따르려거-든 자기
십자가지-고 따르 라 - 주님이
네 안에 충 만 - 히 거 하시도 - 록- - 자기
를부인하-고 자기 십자가지-고 따르 라
- 주님이 너 의삶을 통 - 해 영광을
받 으시도 - 록- - 자기 를부인하-고 자기
십자가지-고 따르 라 우리다함-께

# 67
## 거룩하신 하나님

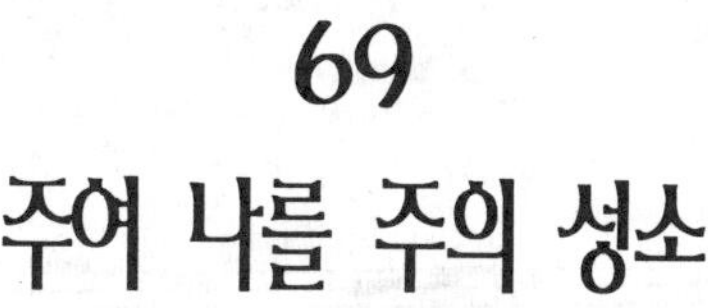

Bob Fitts
예수전도단 번역
♩ = 80
D  Em  F#m7  Em  D  Em  F#m7  Em
(형제) 거룩하신 하나님어린 양 (자매) 거룩하신 하나님어린
D  Em  F#m7  Em  D  Em
(형제) 양 주의이름 선포하며찬 양 (자매) 주의이름
F#m7  Em  G  A  Bm  A  G  A
선 포하며주 (함께) 찬 — 양 찬 —
Bm  A  G  A  D  G  D
— 양 주 — 찬 양 —

# 68
## 주께 노래하세

박 정관
D  Em  A7  D  D/C#  Bm  Bm/A  G  D
주 께 — 노래하 세 — 구 원의
F#m  Bm  Em7  A7  D  Em  A7
반 석예-수 께 — 모 두- — 경배하
D  D/C#  Bm  Bm/A  G  D  Em  A7  G/D
세 — 주 님앞 에무릎꿇 고
D  Bb  G  C  A  D  B7
— 오 전능의주 영광의 하 나 님 —
Em  A7  D  A7  F  D
오 세상다스리시 — 네 오 존귀하
G  E  A7  F#  Bm  E7
신 어린양예 — 수 — 우리 위해죽으셨
A7  D  Em  A7  D  D/C#
네 — 두손 — 높이올 려
Bm  Bm/A  G  D  F#  Bm  Em  A7
— 주 님께 사 랑드-리 세 —
D  Em  A7  D  D/C#  Bm  Bm/A
그 눈- — 우리목 자 — 우
G  D  Em  A7  G/D  D
리 눈 그 의양-이 니 —

# 69
## 주여 나를 주의 성소

John Thompson
& Randy Scruggs
한국 컨티넨탈 싱어즈 번역
D/A  Em/A  D2  A
주 여 나 를 주의성소만 드 소서 — 순결
G  Em7  D  A  D2
과 거룩 진실 하 — 게 감사 로써 당신을
A  G  Em7  F#/A  A7  D
위 해- 주의 성소 되 — 리

## 70
# 두손들고 소리높어

Eddie Espinosa
두란노 번역
♩=72
D    Dmaj7    G    G/F#
두손 들-고    -소리높 -여-
Em7    A7    G    D
기쁨으로 나의마음 —— 드 립 니 다
나의삶을
나의사랑 ——
A7    D    D7    G
주께 나-의마음 드릴 수많은 이유있
생명
사랑
Em7    D    Bm    Em7    A    F#m7    Bm7
네 오직 주님만 찬 양 해    주 님만 찬
사 랑 해    사
사 랑 해    사
Em7    A7    D    Bm7    Em7    A7    D
양해예수 주님만 내 찬 양이되 시 네    —
랑 해    사 랑이
랑 해    사 랑이

## 71
# 주님 이곳에

고 형원
G/A    D    F#m    G    Em7
주님 이곳에 주님 이곳에 우리 와함께 함께
심령을 위로 하시며 병든 우리몸 고쳐
Asus4    A7    D    Gmaj7 A7
하 시네- 나의 몸과맘 경배 드 리
주 시네- 결박을끊고 자유 주 시
Bm G/A    D    G6/A    1.D    2.D
네 주님 이곳에 계시 네 상한 네

## 72
# 내 영혼 주 찬양하며

눅 1:46-49
예수전도단 번역
D    G    D    G
내 영혼주 찬양하 며 하나 님내구주를기뻐-
A7    D    G
함은 능하 신 이가큰일 행하 시니 그
D    A7    D    A7
이 름거룩 해- 내 영혼 주 찬양하 며내영혼
E7    A7
주 찬양하며- 하나 님내구주를기뻐- 함은 능하
D    G    D    A7    D
신 이가큰일행하 시니 그 이 름거룩 해-

내 마음이 하나님 내 구주를
기뻐하였음은
능하신 이가 큰 일을
내게 행하셨으니 그 이름이
거룩하시며
눅(1:47,49)

## 73
# 내 맘 깊은 곳

예수전도단 번역
내 맘 깊은 곳 주께 노래 하네
내 맘 깊은 곳 주를 찬 양 하네
새 로운 노래로 주를 찬 양 하세
할 렐 루 야 할 렐 루 야
내 맘 깊은 곳 주께 노래 해
내 맘 깊은 곳 주를 찬 양 해
새 로운 노래로 주를 찬 양 해
할 렐 루 야 할 렐 루 야

## 75
# 주의 임재 앞에 잠잠해

주의 임재 앞에 잠잠해 주 여기계시 네
주의 영광 앞에 잠잠해 주의빛비치 네
주의 능력 앞에 잠잠해 주 역사하시 네
와서 모두 굽혀 경배해 신 령과진리 로
거룩한 불태우시며 영 광의관쓰 네
죄 사하고 치유하시는 놀 라운주은 혜
순결하신 주님 거룩한 존전에
그 영광 찬란헤 빛되신 우리왕
주 믿는 자 에게 능치못 함 없네
주의 임재 앞에 잠잠해 주 여기계시 네
주의 영광 앞에 잠잠해 주의빛비치 네
주의 능력 앞에 잠잠해 주 역사하시 네

## 74
# 주님은 나의 힘

Frank Hernandez
& Sherry Saunders
예수전도단 번역
♩=66
주님은 나의힘 내가두 려울때
주 나의 도 움되시 네
주는나 의 방패 내생명 드 리네
영원히 내 모든것 되 신 주

## 76
# 생명의 주 말씀

생명의주 말씀 나항상 종일토록묵상하여
내맘을채우고 그빛은 내앞길비 추네 주말
씀 내 발의등이요 내길의 빛이오 니 주
님의양식 으로나 살겠네 생명의주 말씀

# 77
## 주의 사랑을

Walt Harrah
예수전도단 번역
♩=53
주의 사랑을 - 주의 선하심 -을 -
주의 은혜를 생각 해 보 라 - 하늘
보 다도 더 높으신 - 아 버 지의 사랑
크 고 놀 랍 네
아 버지 사랑 크 고 놀 랍 네 -
내 어찌 - 그 사랑 - 잊 으 리 내
나 길을 - 잃고 - 헤 맬 때 그
어찌 주의 - 긍휼 - 잊 으 리 - 내
사 랑 날 찾아 - 내 셨 네 -
영 혼의 - - 모 든 소원 - - 만
족 시 킨 - 하 나 님 - -

# 78
## 주는 우리의 소망

정종원
주 는 - 우리의 소망 - 주 는 - 우리의 힘 의
로 - 의 노래 가 - 되시는 주 - 를 찬양 해
주 는 - - 우리의 소망 - 주 는 - 우리의
힘 구 원 - 의 노래 가 - 되시는
주 - 우리 가는 곳마다 - 주의 눈 길 머무시고
의 를 위한 깨끗함 - 을 갚 아 주 시 며 우
리 가 - 찬송할 때에 - 주 의 손 이 응답 하시
네 주 는 - 우리의 소망 - 주
는 - 우리의 힘 사 랑 - 의 노래
가 - 되시는 주 -

# 79
## 하나님이 세상을

요 3:16, 17:13
빌 2:13.
정 종원

1. 하 나 님 이 세 상 을 사 랑 하 사 독 그
2. 영 생 은 유 일 하 신 하 나 님 과 그
3. 우 리 안 에 계 시 는 성 령 님 은 늘

생 자 로 그 사 랑 보 이 셨 네 그
보 내 신 예 수 님 을 앎 이 라 누 그
소 원 을 두 시 고 행 하 시 네 그

아 들 을 믿 고 의 지 하 는 자 영 생
구 도 지 영 생 을 누 리 는 자 주 안
놀 라 운 비 밀 을 잃 지 않 고 주 안

을 어 게 되 리 라
에 거 함 을 알 리 라
에 살 면 서 기 뻐 해

너희 안에서
행하시는 이는 하나님이시니
자기의 기쁘신 뜻을 위하여
너희로 소원을 두고 행하게 하시나니

빌(2:13)

# 80
## 우리를 사랑하신

John Chisum
& Gary Sadler
두란노 번역

우 리를 사랑 하신 자 비의주아 버 지

주 께로- 나 아갈때에- 기도 들 으 사 우리

죄 악과- 강팍 -함- 주님 께 고백- 하니

- 우릴 민 망히- 여기- 사- 치료의 은혜

허락하소 서 주 얼굴 구- 할때- 자유
Fine

주 시 고 씻어 주- 소서- 치료

하시 는- 주의 은 혜 임-하- 네 치료

하시 는- 주의 은 혜 임-하- 네 -
D.C. al Fine

## 81
# 사랑은 가장 귀한 것

Peter Jacobs 사
Hanneke Jacobs 곡
샬롬 노래 선교단 번역

천사의 말을 하여 - 도 - 또 내일 일을 안다해 도
사랑은 오래 참으 - 며 - 또 언 제나 온유하 며
산옮길 믿음있어 - 도 - 아무 소용 없 네
사랑은 교만 치않 - 고 - 자랑 하지 않 네
이세상 모든 지식 - 도 - 부귀 와권 - 세도 -
모든 것 바라는 사 - 랑 - 모든 것 믿는 사랑 -
주님의 사 랑없 으면 - 내 겐 아무것도 아니 네
나 는
이 세상 가장 귀한 것 그 것은 주님의 사 랑 그 사
랑 내맘에 밝은 빛이 되었네 가 장 귀한 주님의 사 랑

## 82
# 주 앞에 이렇게 나와

송 정미

주 앞 에 이렇 게 나와 모든 것 내려 놓 - 고 주님
과 뜻을 다하여 간절 히 소망 하오니 주말
이 주실 말씀을 우리 들 - 기뭐합 니 - 다 마음
씀 생명 이되어 우리 를 - 주장하
소 - 서 주여 말씀하소 서 —— 주의 종 이듣 겠
나 — 다 주여 말씀하소 서 —— 주의 종 이듣 겠
나 — 다 할렐 루 할렐 루 - 야 할렐 루 할렐
루 - 야 할렐 루 할렐 루 - 야 할렐 루 할렐 루 - 야

## 83
# 주여 이시간 주께

주 여 이시간 주께 의 지하고 간절히 기도하 오 니
모 든 사람들에 게 주 의 축복 주소 서 주
여 이시간 주를 바 라보고 간 절히 기도하 오 니
당 신의 변함없 는 사랑 내 게채워주 소 서
나 를 바꿔주소 서

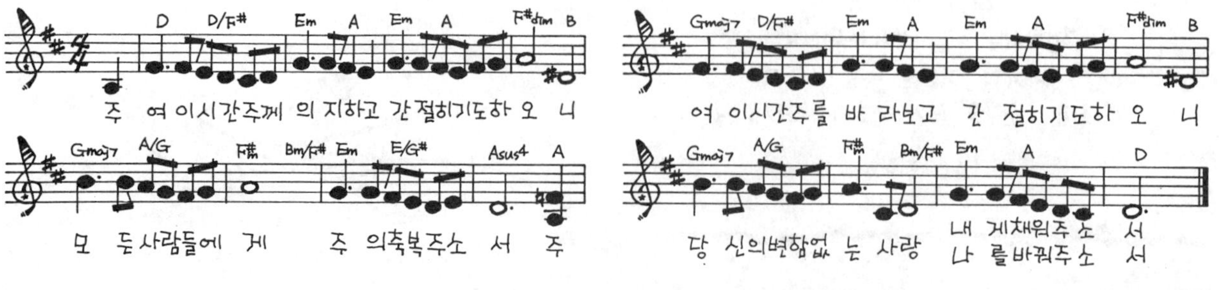

# 84
## 겸손하게 무릎 꿇고

예수전도단 번역
겸손하게무릎꿇고 주께경배하며 전심
내-영혼주를향해 높이활짝열려
으로주를찬양 할렐루야 찬양
할렐루-야 할-렐루-야
할렐루-야 아-멘

# 85
## 기다려요

Bob Cull
다드림 번역
기다려요 주음성들어요
기다려요 성령께맡겨요
주를기다리-는 자는새힘얻으리
주의영이계-신 곳엔평안 있으리

# 86
## 주는 보이지 아니하시는

Joey Holder
두란노 번역
주는 보이지아니하시는
하나님형상이시며 온만물
보-다먼저시며온 하늘과 땅
을 다주관하시네 주는
네- 찬송과존귀와 영광과능력-을
영원히 왕께돌리-세- 찬송과존귀와
영광과능력 영원-히- - 영
원- -히 아-멘-
- -아-멘--

87
주 내 삶의 주인 되시고
Judy Pruett
두란노 번역
Flowing
주 내삶의 주 - 인되 - 시고 - 새로운일
직 주님만이 - 내일 - 생과 - 내영혼의
- 이루 - 셨네 - 주뜻이루 - 려고 - 날
- 주되 - 시네 - 주 말씀전 - 하라 -
예 정하 - 셨네 오 주
선 택하 - 셨네
의 능력으로 - 인도 - 하사 - 크신일
의 얼굴만을 - 찾으 - 리니 - 주 여나
- 을 이루소 - 서 의 지함 - 니다
- 와 함 - 께하 -
- 주 사 주뜻이 루 소 - 서

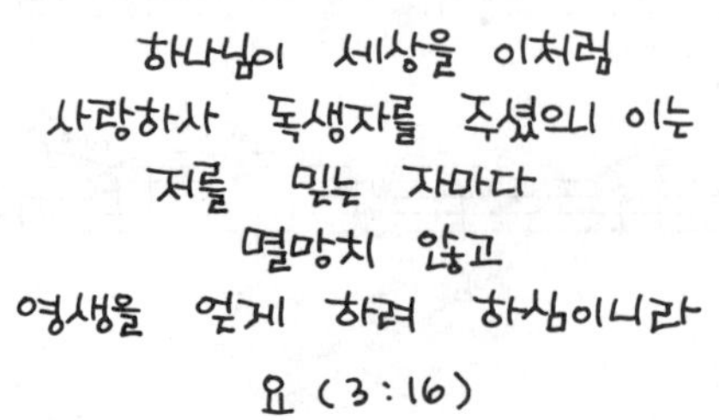
하나님이 세상을 이처럼
사랑하사 독생자를 주셨으니 이는
저를 믿는 자마다
멸망치 않고
영생을 얻게 하려 하심이니라
요 (3:16)

88
언제나 주님께 감사해
김 성은 사
이 유정 곡
아 침 안개눈앞가 리 듯 나의 약한믿음의 심쌓일
빗 줄기에바위패이 듯 나의 작은소망 사라져갈
때 부드 럽게다가온주의 말 씀 아무
때 고요 하게들리는주의음 성 내가
것 도염려하지마 라 너 를 사랑하노 라
외 로움과 방황속에 서 주 님앞에 나아 갈때
에 위로 하시는주 님 나를 도우사 상한
나의마음 감싸주시 네 십자가의 보 혈로
써 주의 크신 사랑알게 하셨 네
주 님께감사하리 라 언제 나 주님께감사 해

89
나는 가난하고(시 40편)
시 40:17
이유정
나는가난 하고 나는궁핍 하오나
주께서 나 - 를 생각하시오 니
주는나의 도움이시요 건지시 는 자 시라나의
하나님이 시여 지체 하지마소 서

91
온 세상 위한 십자가
고 형원
1.온 세 상 위한십자 가 - 드
높이섰도 다 - 주 예 수 의피강같
이 - 온 땅에 - 흐 르 네 -
2.그 피 를 의지하는 자 - 새
사 람 되 어 서 - 주 예 수 사랑가지
고 - 강 같 이흐르 겠 네 -

90
존귀한 주의 보혈
John Barnett
두란노 번역
존 귀 - 한주의 보 - 혈 할 정 - 결케하
이 - 름우 리 - 구원했
- 네 내 모 - 든죄와 허 물이 - 그
- 네 내 죄 - 를위한 십 자가 - 주
피 로씻 겼 - 네 존 네 영 원 - 히감사
님 이지 셨 - 하 - 며 주 의 - 지하리 - 라 - 준
귀 - 한주의 보 - 혈 그 놀 라운 사
- 랑 - 생 명주신 사 - 랑 -

나는 가난하고 궁핍하오나
주께서는 나를 생각하시오니 주는 나의
도움이시요
건지시는 자시라
나의 하나님이여
지체하지 마소서
시 (40 : 17 )

## 92
# 영문 밖으로

♩=55
고 형원
영문밖으 로 영문밖으 로
- 주님을 따 라 나가 자 -
온 세상위 해 죽으신예수 님
- 그 - 십 자가 높이들고 서
- 그 - 십 자가 길을따라 서
- 그 - 십 자가 높이들고 서 -
- 그 - 십 자가 길을따라 서 -

## 93
# 선하신 목자

Martin Nystrom
선 하신-목자-날 사 랑하-는 분- 주
인 도하-는곳-따라가 --리 주의말-씀을- 나
들 기워-하-여주 인 도하-는-곳 가려 네
네 나를 푸른초-장과 -- 쉴 만한물-가로- 내
선 하신-목 자- 날 인-도해 - 험한
산 과골-짜기-로 내가 다 닐찌-라 도- 내
선 하신-목 자- 날 인-도해 -

## 94
# 내 성의 기쁨의 기름

♩=126
Unknown
예수전도단 번역
내성의 기쁨의기름 높이 들리라 기름
높이 들리라나의 마음 의성에내성의 기쁨의기름
높이 들리라나의 왕 나와함께계실때 기름 높이리라 모든

열방에 모든 열방에 모든 열방에기름
높이리라 모든 열방 에 나의 왕 나와함께계실때 -

# 95
# 해뜨는 곳 부터

Graham Kendrick
두란노 번역
1. 해뜨는 곳부터 지는 곳까지 온 땅에 주님만
2. 민족과 열방에 보내주소서 제자 삼고 그들
3. 열방의 교회여 함께 모여라 국경을 넘어서
크시도다 온 세상 나라들 주의 것 되고
세례주리 주 모든 권세를 가지셨으니
문을 열고 추수할 일꾼들 주와 함께해
온 만물 주님을 찬 양 하 리 -
주님의 증인들 일 어 서 리
땅끝이 주 경배 할 때 까 지 -
모두 다 일 - 어 나 주 - 님 의 빛 - 으로 비 - 추어
라 주 찬양 드리며 사랑 으로 - 세상
채 - 우 리 라 온 백 성들 기뻐하
라 - 온 땅이여 주 - 께오 라 -

# 96
# 주께 찬양드리세

시 75편
예수전도단 번역
주께 찬 - 양 드 리세 - 찬양 드 리 세 -
주께 찬 - 양 드 리세 - 드리 세 -
주의 이름 과 그 기 사를 - 전파 하 리라 -
주께 찬 - 양 드 리세 - 드리 세 -

Praise!

하나님이여
우리가 주께 감사하고
감사함은 주의 이름이 가까움이라
사람들이 주의 기사를
전파하나이다

시 (75:1)

# 97

# 우리는 주님이 흘리신 피로

# 98

# 온유한 마음을 주옵소서

Graham Kendrick
두란노 번역
1. 우리는 주님이 흘리신 피로 친 백성 되었으
2. 하늘과 땅의 모든 권세가 주 앞에 무너지
니 주의 권세와 그 큰 능력으로
는 승리의 그날 곧 다가오리니
주의 군대 삼으소서 —
주 예수여 임하소서 —
가라 주님과 온 세상 향하여
주님의 백 성들 모두 다 외치세 예수 그리스도
권세와 능력의 주 — 주 —
주 — 예수 그리스도 —
권능의 주 — 예수 그리스도 —
만왕의 왕
Fine

Graham Kendrick
두란노 번역
Prayfully ♩=104
온유한 맘 을 — 주옵소
서 — 주님과 같
이 — 온유한 맘 —
주 님의 긍휼 과 — 주
님의 눈 물 을 — 느
낄 수 있 는 맘 을
주옵소 서 —

나는 마음이 온유하고
겸손하니 나의 멍에를 메고 내게
배우라 그리면 너희 마음이
쉼을 얻으리니 이는 내 멍에는 쉽고 내
짐은 가벼움이라 하시니라
마 (11 : 29. 30)

# 99
## 아버지 큰 사랑 감사해요

Steve Stewart
예수전도단 번역

아버지 큰사 랑 감사 해 요 내게
예수님 내삶에 주되시 네 내영
성령님 거룩한 분이시 여 나의

독생자 를주 셨 네 - 나를
에 불을 붙이셨 네 - 나의
모 든것 다스 리 네 - 주님

가까이 부르신 주를찬 양 나의
모든삶 새롭게 변화됐 네 주님
당신의 손길을 원합니 다 난항

눈떠보 게하셨 네 -
의길로 인도하 네 -
상주만 찬양하 리 -

## 100
# 주의 이름 높이며 II

Bruce Balliger
예수전도단 번역
주의 이름높이며 다 경배드리면서 나 가세 -
우리 들을 내려놓고 주만바라보며 경 배해 -
두손 주를 향해들고 그의이름높여 드 리세 -
주의 이름높이며 다 경배드리면 서 나 가세 -
우리 들을 내려놓고 주만바라보 며 경 배해 -
두손 주를 향해들고 그의이름높 여 드 리세 -
주의 이름높이며 다 경배드리면 서 나 가세주 께
우리 들을 내려놓 고 주만바라보 며 경 배해
두손 주를 향해들 고 그의이름높 여 드 리세
오 - 경 배해 우 리주 예 수 - -

## 101
# 이시간 주님께

Graham Kendrick
이시간주 님 께 - 찬양드려 요
- 가장귀한 것 을 - 주앞에드려 - 요 -
- 나의마음 에 - 넘치는사 랑
- 당신은영 원 하신 - 아 바 아버지
- 기쁨과소 망 을 - 주께드리 리
- 신령과진 정 으로 - 사랑해 요 -

## 102
# 와서 찬양

와서 찬양 - 제사 장들 - 아 - 와서
경 배 - 거룩 한 나라여 예배해 예 - 수 - 우리
구원자 - 그는 귀한 - 영광 의 - 왕 -

너는 내게 부르짖으라
내가 네게
응답하겠고 네가 알지 못하는
크고 비밀한 일을
네게 보이리라

렘 (33 : 3)

# 103
## 알렐루야

하 스데반
알 렐 루 야 나-
알 렐 루 야
의 - 힘 이 - 되 신 여호와 여 내
알 렐 루 야
가 - 주 를 - 사 랑 하나이 다

# 105
## 주님의 성령이

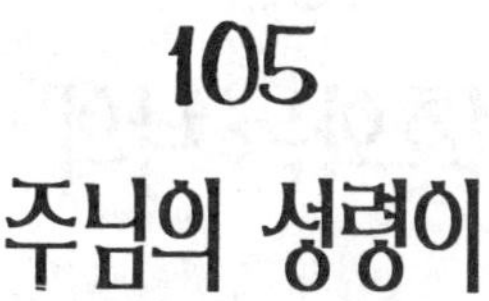
예수전도단 번역

주님의 성령이 - 내게임 했네
상한영 고 치며 - 갇 힌자 푸 시며
- 옥문을 열 어서 - 눈 뜨게 하 도록
- 주님의 성 령이 - 내게임 했 네 -

# 104
## 오귀한 주이름

예수전도단 번역
오 귀 한 주 이름 오 귀 한 주 이름
오 귀 한 주 이름 예 수 내 주
전 능의 왕이요 만 유 의 주시니
오 귀 한 주 이름 예 수 내 주 진 실한
목자 오 영 원 한 반 석 전 능의 하나
님 - 엎 드 려 절 하고 사 랑 을
드 리세 오 귀 한 주 이름 예 수 내 주

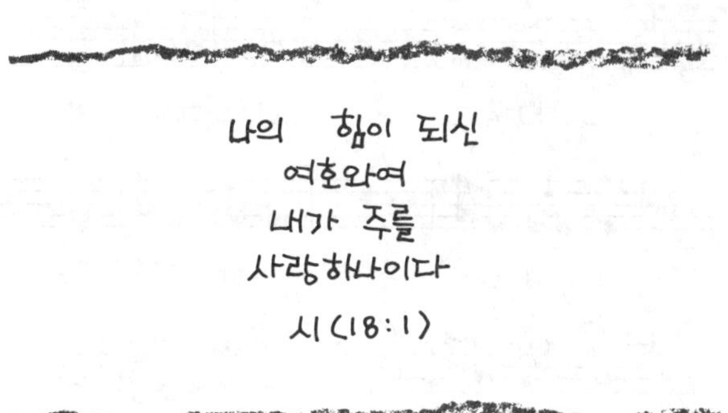
나의 힘이 되신
여호와여
내가 주를
사랑하나이다
시 (18:1)

# 106
## 주님의 영광이

사 60:1
김진호
주님의 영 - 광이 - 임하 - 여 서
- 나 - 의 영 - 혼이 - 힘을얻 - 었 네
- 오 나의 영 - 혼아 - 빛을발 - 하 라
- 오 나의 영 - 혼아 - 빛을발하 라 -

일어나라 빛을 발하라
이는 네 빛이 이르렀고
여호와의 영광이
네 위에 임하였음이니라

사 (60 : 1)

# 107
## 수고하고 무거운

김진호
수 고하고 무 거운 짐 진자들 아
다 내게로오 라 다 내게로오 라
내 가너 희 - 를 쉬 게하리 - 라
내 가너 희 - 를 쉬 게하리 - 라

# 108
## 여호와는 나의

시 23편
이운수 곡
여 호 와는 나 의목자 시니 -
내가 부 족함 전 혀없 네 -
푸른 풀 밭물가 으 로 날 인 도하 네
나의 영 혼 평 안 해 -

# 109
## 계신 주님

송명희 사
최덕신 곡

나의 앞에계신 주-님 나의 눈동자에주있게 하소서 나의
머리위에계신 주-님 나의 머리들어주 바라보게 하소서 나의
하소서 나의 좌 우옆 에 계-신 주
님 나와 동행하시 는 주 알 게하소
서 - 나의 뒤 에계신 주-님 나를 안 으시
며 보호 하시는 주 의지 하게-하소 서

# 110
## 구원자 주예수

Melody Green
예수전도단 번역

구원 자주 예 수 하나님의 아 -들
귀하신 어린양 메시야 거룩하신 하 나 님
오 하나님 감사해 독 생자 주시 고 - 또
성 령님 보내 사주 의일을이루 시 네

# 111
## 내 영혼의 구세주

Kathryn Kuhlman
예수전도단 번역

내영혼 의 구 세 주 —— 내
예 수내구 —— 주 내영혼 의 구세
주 —— 주는 나 의 구세 주 -

예 수 예 수 예 수
예 수 - 내영혼 의 구 세
주 —— 주는 나 의 구세 주 -

## 112
# 내 주 같은 분 없네

Eddie Espinosa
두란노 번역
내주같-은분없-네 -그어-느 누구-도-
-내생명-다 하 도-록 -주얼굴-만구하-리-
-내주같-은 분없-네 -그어-느 누구-도-
-내주같-은 분없-네 -이땅-위-에
오하-나 님 -주나의모-든 -것--
-내주같-은 분없-네 -이땅-위-에
-오하-나-님---주나의모-든-것-
-내주같-은분없-네 -이땅-위-에

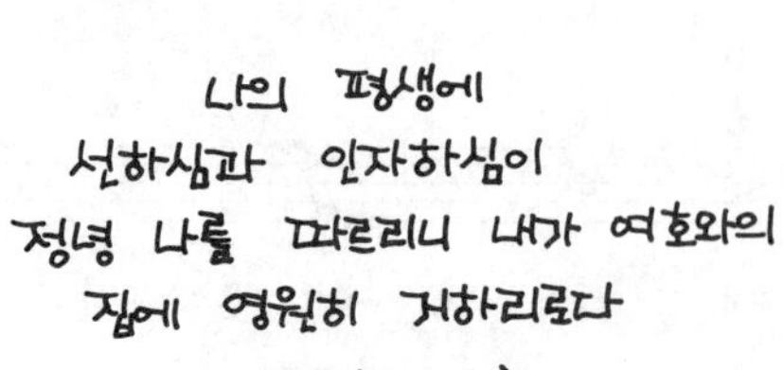

나의 평생에
선하심과 인자하심이
정녕 나를 따르리니 내가 여호와의
집에 영원히 거하리로다
시 (23:6)

## 113
# 나는 용서 받았네

Rob Hayward
예수전도단 번역
나는용 -서 받-았-네 살아
계신아버지-사랑으로 - 용납되-고 정직함없
-네 진실 하신아버지사랑으 로 온세상 구주 창
조주께 나아 갈때 두려움 전혀없 네 주께
예 배드릴 때-에 기 쁨 과평화- 있 네

## 114
# 좋으신 하나님

좋 으신 하 나님 좋 으신 하 나님
참 좋으 신 나의 하 나 님

# 115
## 주의 긍휼로

Graham Kendrick
예수전도단 번역
♩=53
E    G#7    A    A/B    B
주 의 긍 - 휼 로
E    G#7    A    A/B    B
이 땅 고치 소 서
C#    G#7    A°7/C    C#
성령 의 불 로    정케 하소 서
주의 손길 로    고쳐 주소 서
Amaj7    G#7    F#7    B
겸 손히 무 릎 꿇고비 - 오 니 오주
C    Dsus4.2 D
여 - 이땅 고 치 - 소 -
Esus    E    E/D    C
서 - 오주 여 - 긍휼
Dsus 4.2 D    Esus
베 푸 - 소 - 서

우리 각 사람에게 그리스도의 선물의
분량대로 은혜를 주셨나니 그러므로 이르기를
그가 위로 올라가실 때에
사로잡힌 자를 사로잡고 사람들에게
선물을 주셨다 하였도다

엡(4:7.8)

# 116
## 선 물

김 지현
E    E/D#    E/D    A/C#
나의 주님 께 귀한 것 받았으 니
아기 예수 님이 땅에 오신 것 은
E    C#    F#9    B7    E
무한한 사랑 감사 하 네 나도 주님 께
하나님 사랑 떼문이 네 나의 예수 님
E/D#    E/D    A/C#    G#    C#
나의 것 드리고 싶 네 소중한 나의것
영광을 버리신 것 은 우리 를 향하신
B    E    E7    A    Gdim7    G#
드리고 싶 네 나에겐 소중했던 그 추억
그사랑 이 야
C#    F#    B7    E    E7
들 당신앞 엔 모두헛 된 것
A    Gdim7    G#    C#7    F#
주님의 품속엔더 아름 답 고 놀라운
C#    F#    B7    E    E/D#
역사를 품 - 고있 네 오주님 내영혼
E/D    A/C#    Am    E
받으소 서 밝은 햇 살같이
F#    B    1. E    2. F#    B    E
품으소 서 품으소 서

# 117
## 그 믿음 간직하여라

# 118
## 형제여 우리

정종원
오 랫동안 기 다려온 우 리주님 을
어 찌하면 기 쁨중에 만 나뵈올 까
잠 시후면 속 히오실 우 리주님 을
무 얼가져 기 쁨드릴 까 -
우 리임금 분 명하게 말 씀하셨 네
강 하고 담 대하여 라 - 나의
약 속귀중 함 아는 택 한자들 아
그 믿음 간 직하여 라 -

하 스데반
형제 여우 리예수 님명 령따
라 - 살 자 - 자매 여우 리주
를위 해이 몸을 바 - 치 자
- 너 는 말씀을 전 파하 라 - 때
를 얻든지 못 얻든 지 - 항 상힘쓰
라 범사에 오 래 참 - 음 과
- 가르 침으 로경 책하 며경
계하 며 - 권하 라 -

너는 말씀을 전파하라 때를 얻든지 못 얻든지
항상 힘쓰라 범사에 오래 참음과 가르침으로
경책하며 경계하며 권하라

딤후 ( 4 : 2 )

# 119
## 사랑해요 아름다운 이름

# 120
## 거기서 찬양하라

Dick & Melodie Tunney
1. 사 랑해 요아 -름다운이름 예 수 그리스도 -
2. 찬 양찬 양큰 -소리로찬양 예 수님 -찬양 -
예수예 수아 -름다운이름 예 수 사랑해요 -
손뼉치며큰 -소리로찬양 예 수님 -찬양 -
천 지를 만드신- 하 나님앞- 에
목 소 리 높 여서- 찬 - 양하라 -
Fine
D.C.
너 있- 는 곳 에-서주 찬 양- 하 라
노 래-하 -라 주-님께 영 -광- -
영 원-토-록 그-사랑
넘 치는-참 기 쁨-이 라 그의
백성모두 주찬양 -- 해 넘 치 는-기쁨- 참
감당할수 없는선 --물 그 의 크신- 사 - 랑
내 영혼 깨 -어- 큰 소 리 로
만방에 주께서 왕 되 심을- 찬 양
너 있- 는 곳 에-서주 찬 양- 하 라
노 래-하 -라 주-님께 영 -광- -
영 원-토-록 그-사랑
넘 치는-참 기 쁨-이 라 -

# 121
## 만왕의 왕께

Twila Paris
예수전도단 번역
1. 만- 왕의왕 께 영광을 어린 양께영 광 을
2. 위엄으로 다 스 리시는 주께 경배드 리 세
3. 하 늘과땅 의 주시요 만- 유의주 되 신
4. 할렐루야왕 께 찬양을 할렐 루야어 린 양
만- 유의주 께 영광을 위대 하신여 호 와
의 -로우신 주 하나님 우리 경배드 리 네
우주 위에계 신 주님께 우리 찬양드 리 네
할렐 루야주 께 찬양을 위대 하신여 호 와

## 122
## 들으라 이스라엘

예수전도단 번역
들 으 라 이스라 엘 ── 하 나 님은 한분
이 시 ─ 니 ─ 하나님을 사랑하
라 네온맘으─ 로 ─ 하나님을 사랑하
라 네생명다 해 ─ 하나님을 사랑하
라 네온뜻으─ 로 ─ 하나님을 사랑하
라 네힘을다 해 ── F.O

## 123
## 찬양하라 내 영혼아Ⅱ

예수전도단 번역
찬양하라 내영혼아 내 속 에 있는 것 들 아다
찬 양 해 위대하신 주 큰 일하셨
네 위대하신 주 이름 찬 양 해

## 124
## 맑고 밝은 날

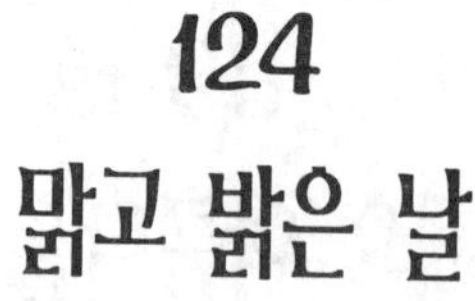

욥 11 : 17.18
예수전도단 번역
맑고밝은 날 나는 주 이름 찬양하 겠 ─네
맑 고밝은 날 나는 주 를 위 해살 리
맑 고밝은 날 내 생활 새로와 지 ─ 니
매 일주님사랑따라 말 씀대로살 리 라 ─

## 125
## 나의 발은 춤을 추며

나의 발은 춤을 추며나의 손은 손뼉치며나의
입은기뻐노래 부르 네 나의 발은 춤을 추며나의
손 은 손뼉치며나의 입은기뻐 노래 부르 네
내가 주께 찬 양 해 내가 주께 찬 양 해
내가 주께찬 양 하 며 주를 사랑 해

## 126
# 주는 우리의 도움

경쾌하게
김 제리노
E  B7  E  E7  A  E
주 는 우리의도 움 우리 의 방패 되시 며 우리
B7  E  B7  E  E7
가 주를 즐거 워합 니다 주를 즐 거워합니 다 그분
A  E  F#
안에 우리의 기쁨 이 있고 거룩 하신 그이름에
B7  E  B7  E  E7
믿음 이있네주 의 인 자하심 - 을 베푸
A  E  B7
소 서우리들에 게 우리 가 주를 바라
E  B7  E
나 이다 주님 께 바라 나이 다

## 128
# 보라 그 놀라운 주의 사랑을

Patricia Van Tine
이유선 변역
E  A  E  B7
보 라 -그놀라운 주 -의사랑을 내 게주 -셨 네 -
E  A  E  B7  E
보 라 -그놀라운 주 -의사랑을 내 게주 셨 네 -
E  E7  A  E  B7
모 두 -주의 자 녀되 -었 네 -
하 나 -님의
E  E7  A  E  B7  E
모 두 -주님 찬 양도 리 세 -
하 나 -님의 자 녀되 었 네 -

## 127
# 주 너를 지키리

A7/B  E  Emaj7  C#
너 근심걱정 와도 어려운일 당 해도
C#m7  F#  B7
걱정 말 아 라 주 너를지 키리 -
A7/B  E  Emaj7  C#
위험한일 당 해도 슬픈일 이 와도
C#m7  F#  B7
걱정 말 아 라 주너를지키리 -
E  E7  A
늘지켜주 시리 - 주님의 사랑속에거하라
B7  G#m  C#m  F#m
- 그의 평화속에유하라 - 그분의 영원속에자유하라
1. B7  E  2. B7  E
- 주지 키 리 - 주지 키리 -

그러므로 형제들아
더욱 힘써 너희 부르심과 택하심을
굳게 하라 너희가 이것을
행한즉 언제든지
실족지 아니하리라

벧후 (1:10)

# 129
# 내가 길을 잃고

최덕신
내가 길을잃-고 헤메일-때에 - - 내손
잡아주-신 주 - 님 - 내가 외로움-에
슬퍼울-때에 - - 나를위로하-신 주 -
님 - 내가 - 내가 아버지-의 사랑떠-나 -
서 - 죄에매여내-맘 괴로울-때- 도
- 나를사랑하-시 며 - 내죄사하신-주 -
님 - 나를구-원 하셨네 - 내가
- 예 - 수 예 - 수
예 - 수 예 - 수 나를
사랑하-시 며 - 내죄사하신-주님 -
- 나를구-원 하셨 네 -

# 130
## 예수 경배하리

Worshipfully
Chris A. Bowater
두란노 번역

예 수 경 배하리 아름다운 주이름 - 높
이 - 리라 예 수 경 배 하리
왕 의왕또 주 의 - 주 경 배하 리
감 사찬양 드 리 - 며 경 배하 리

# 131
## 두손들고 송축하며

Worshipfully
Carol Mundy
두란노 번역

두손 들 고송 축 하 - 며 소리 높 여찬 양
하 - 네 나 의 모든것 이 주경배하 네
- 영광 중 예주 임 하실때 나 엎 드려고
백하리 온 맘 다해주 사 랑합니 다 -

# 132
## 주찬양

Reba Rambo
& Dany Meguire
두란노 번역

아침 - 해 하늘에 솟아 - 맑은 물 푸른초 장 —
은빛 구 - 름드러난 세상 - 주께 서 만드셨 네
놀라 운 주의 솜씨 - 위대 한 - 창조의 주 —
내영 혼 - 늘찬양하리라 - 주찬 양 영원토 록
주찬 양 - 아름다 운 솜씨 주찬 양 - 지혜와
완전한 - 능력 - 주찬 양 - 주님늘 나 름사랑해 완전
한 그의사 랑 주찬 랑

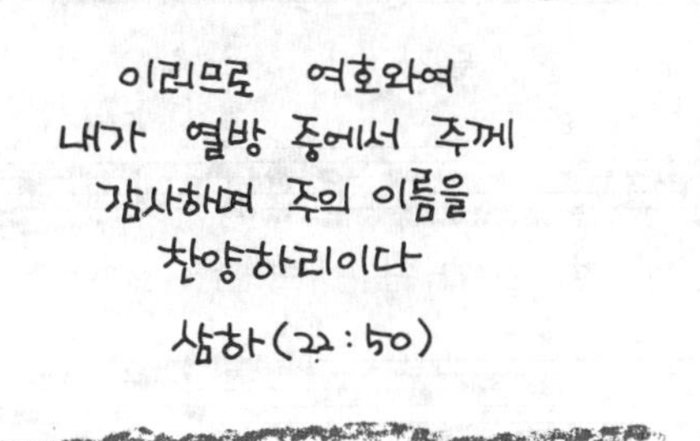
이러므로 여호와여
내가 열방 중에서 주께
감사하며 주의 이름을
찬양하리이다

삼하 (22 : 50)

# 133
## 찬양의 보좌에

Robert Gay
예수전도단 번역
♩ = 65
찬양 의 보좌에앉으 - 신 주님 -
천 사 들과다 - 함 께 영광
과 승리 - 관을 - 쓰신주 - 님 의이름을
소 리 높여찬양 해
거 룩하 - 다그 - 이름 - 거룩하 - - 도다 -
하늘 과 땅 - 이주 - 의 영 --- 광
선 포함 - 니 다 - 거 룩하 - 다그 - 이름 -
거 룩하 - - 도 다 -
하 늘 과 땅 - 이주 - 의 영 --- 광
선 포함 - 니 다 -

# 134
## 신실한 하나님

Chris A. Bowater
두란노 번역
신 실 한 - 하 나 님
- 나 의 구 원 자 경배 하 리
- 평강 의 왕 - 나 의 하 나
님 찬양 하 리 영 원 히 -

# 135
## 주 밖에 없네

정 종원
이 땅에 - - 오직 - 주밖에 --- 없네 - 그무엇
도 - 나를 - 채울수 --- 없네 - 주님의 --- 평안 - 내안에
있네 - 그누구 도 - 빼앗 - 을수없네 -

# 136
## 예수 날 위하여

빌 2:6-11
하 스데반
예 수 날 위하 여 이 땅 에오셔 서 자
신 의몸 버 려 십 자 가를 지셨네 선하
신 예 수 온 세 상가운 데 가
장 높으시 며 거 룩 한이 름 예 수

# 137
## 나의 하나님

송상경
나의 하 나님 - 나의 맘속 에 -
함께 하시니 - 두려움 네 -
나의 하 나님 - 나를 위 하여 -
예비 하시니 - 감 - 사 해      존귀하신
주 하나님을 나 소리 높 여 - 찬양 해
기 쁨으로주 찬 양 해      위대하신
주 하나님을 나 소리 높 여찬 양 해
기 쁨으로 주님을 찬 양 -

# 138
## 나 여호와 치료의 주

♩ = 69
Don Moen
예수전도단 번역
나 여호와 -              치료의 - 주 -
여 호 와는 -
나 는 너의 -   치 료 자
주 는 나의 -
나의 말로 너의   질 병고 쳤네 -
말씀으로 나의
나 는 너의 -  치 료 자
주 는 나의 -

# 139
## 아버지 날 붙들어 주소서

# 140
## 아버지여 구하오니

Brian Doerksen
두란노 번역

아 버지 날붙들-어 주소서 - 주품안
아 버지 날붙들-어 주시리 - 나주의
에 쉬게 하 소 - 서 -
것 그분의 자 - 녀 -
아 버지 날깨닫-게 하소서 - 주언제
아 버지 날깨닫-게 하시리 - 주나를
나 나 - 를돌-보-심을
붙 드시 니두-렴-없 네
내 모든 -걱-정 - 주의 발앞에놓으리
내 모든 -염-려 - 주의 발앞에놓으리
주 거기 -계-셔 -
주 여기 -계-셔 - 나의 모 습 이 대
로 - 나를사 -랑 - 하시 네

엡 4:1.3
Robert Gay
예수전도단 번역

아 버지여구 하오니- 이제 이 땅고쳐주 - 소
함 께주를찬 양하며- 이제 우 리마음합 - 치
서 우리 맘 엮으사-주의 영광나 - 타 - 내소서-
세 주예 수 그이름-온땅 위에높 - 이 - 들리라-
만유의 -주님 온 세상 알도록 - 목소리
만유의 -주님 온 세상 보도록
합쳐 - 주께 영광돌 -리어 - 주님의 통치 - 선포
하게하 -소서 - 목소리 합쳐 주 님을찬 -양하 -며 이제
하나가 되게하소 서 - 목소리 님을찬 -양하 -며
- 이제 하나가 되게하소 서

그러므로 주 안에서 갇힌 내가 너희를 권하노니
너희가 부르심을 입은 부름에 합당하게 행하여 모든 겸손과
온유로 하고 오래 참음으로 사랑 가운데서
서로 용납하고 평안의 매는 줄로
성령의 하나 되게 하신 것을 힘써 지키라
엡 (4 : 1 - 3)

# 141
## 전 부

Andante ♩=172 commodo

최경아 사
유상열 곡

내 감은 눈 안에 이미 들어와- 계신
예수님- 나보다- 앞서 나-를- 찾아 주시
네 내 뻗은 두손 위로 자비 하심을- 내어
주시니- 언제나- 먼저 나-를- 위로 -하시
네 내 노래 가운데 함 께 즐거워
하시는- 늘- 나의 기쁨이 되시네
- 수 많은 사 람중에- 나를 택해잡
으시고- 눈물 거두어- 빛살 가루 채우시 니
- 그 붉은 내 자랑 나의 기
쁨 나의 노래- 나의 전
부 되시네 - -

# 142
## 내가 네 안에 착한 일을

빌 1:6

최덕신

실수하여- 힘을 -잃고 피곤하여- 지칠 -때-
자신에게- 실망 -하여 고개가떨- 궈질 -때-
반복되는- 잘못 -에- 기운을잃- 고 말 -때-
더이상기-도 마- 저- 드릴자신- 이없 -을때
하나님왜- 나를 - 이렇게연- 약한
- 존 재로 - 지으셔서- 나를 -
낙망케하- 시나요 - -
내가 네 안에착한일 -을 시작했 노라- 또한
내가 이루 리 라 - 너의영혼 낙망 치말고- 나를
바라 라 너를 아름 답게하리 라

# 143
## 너를 사랑해

최덕신
너를 사 랑- 해 내 가슴이 -찢- 어지-
네 너를 사랑하-는 내마음-다 표현할-수 없-어-
내 마음 -고로워하- 네 너를 사 -랑-
해 내 손 과발 -찢-기었- 네 너를
위 험에- 서 건지려- 내 몸을던 -져 널 위-해
내 손과-발찢 기었- 네 너를 사 -랑
해 내 품에 널 안 -으 리 -
바 다끝- 이 라-도- 하늘폭- 대 기 라-도
그 누구- 가 너-를- 정 직한- 다 하 여-도
거 기서-도 널지-키 리
내가너-를용서-하리
너를 사 랑 해-

# 144
## 가라

마 28:19-20
최덕신
세 상끝날까- 지 함께하리 라- 가 -라-
가 -라- 복 음을들 고서 모 든족속 에게-
가 -서- 전 하라-가- 라 -
하늘과땅의모- 든 권 세를- 내게주셨-으 니
너희는가서모-든 족속으로-
제자를삼 -아 - 아버지와아 들과- 성
령의 이 름으- 로- 세 례를- 주고 -
내가너희에 -게-분 부한모든것 -을 -가르쳐 지키-게하라
- 땅 끝까지이르 러 내승인되라- 가 -라-
가 -라- 복 음을들 고서 모 든족속 에게-
가 -서- 전 하라-가- 라 - -

# 145
## 사랑의 편지

노기동
주님께서 보낸 — 사랑의 편지 읽 고
주님께서 풍긴 — 섬김의 향기 맡 고
나를 향한 사랑 깨달아 안뒤 얼마나 감격했는 지
나를 향한 섬김 깨달아 안뒤 얼마나 감격했는 지
내 작은 맘 속에 — 주를 향한 — 사랑 이
내 작은 맘 속에 — 주를 향한 — 섬김 이
날이 갈수록 커져 만가네 주를 향한 사 랑
날이 갈수록 깊어 만가네 주를 향한 섬 김
주께서 나를 그리스도의 편지로 — 세상에 보내셨 — 으
주께서 나를 그리스도의 향기로 — 세상에 보내셨 — 으
— 니 — 사람들이 — 나를 통해 그리 스도 — 를
— 니 — 사람들이 — 나를 통해 그리 스도 — 를
읽을 수 있도 록 주님의 사랑으로 —
맡을 수 있도 록 주님의 섬김으로 —
이웃을 사랑 하 여 세 상 사람에게
이웃을 먼저 섬 겨 세 상 사람에게
사랑 의 편지를 읽게 해 주 자
섬김 의 향기를 맡게 해 주 자

# 146
## 우리는 한몸

♩=60
Robert Gay
예수전도단 번역
우 리는 한 — 몸 — 성령안에 서 — 주님의 사랑
으 — 로 — 하나 되었 네 — 우리 손 에 검 — 들고 주를
찬양 하면서 — 그냥 소유하 — 며 힘 — 차게 행진을 — 하
네 — 우 리는 주님의 — 백성 거룩 한 나 라요 주
님을 찬 — 양하 — 는 택하 신 족 — 속 우 리 는
주님의 — 백성 거룩 한 나 라요 주 믿는 — 성도 들
소 리높 — 여 주를 찬 양해 — —

오직 너희는 택하신 족속이요
왕 같은 제사장들이요 거룩한 나라요
그의 소유된 백성이니 이는
너희를 어두운 데서
불러내어 그의 기이한 빛에
들어가게 하신 자의 아름다운
덕을 선전하게 하려 하심이라

벧전 (2:9)

# 147

## 오할렐루야

정현섭

오 할렐루야- 우리다함께- 하나되어 찬양해요-

오 할렐루야- 모두손잡고- 기쁜노래불러 요  요

기쁠때나슬플때나 어느때든지  모두 주를 찬양 합시 다

강한자나약한자나 어느누구나  모두 주를 찬양 합시 다

오 할렐루야- 우리다함께- 하나되어 찬양해요-

오 할렐루야- 모두 손잡고-  기쁜 노래 불러 요  요

# 148

## 주말씀

Amy Grant 사
Michel W. Smith 곡
기쁜 찬양 선교단 번역

주-말씀-내 발에등-이요- 나의- 길 에빛이

라  주-말씀-내 발에등-이요- 나의-

길 에빛이 라

길을잃-고-서-  나
잇을수-없-네-  그

두려울-때-도- 주 님 항상 내곁  에
영원한-사-랑-나의 맘 방황하여  도

주님계-시-니- 두 려움-없-네-
나를붙-드-사- 인 도하-소-서- 주

나 와함께 하소서-  -  -
사 랑하리 영원히-  -  -  D.C. 라

# 149

## 문들아 너희 머리를

시 24:7-10

박윤호

문들아  너 희머리를  들 지어  다
영광의  왕 이뉘시뇨  강한 여호  와

문들아  너 희머리를  들 지어  다
영광의  왕 이뉘시뇨  강한 여호  와

영원 한문들 아  들 릴지어  다

영광 의왕이 들 어  가시리로  다

# 150
# 주님의 진리를

시 86:11-13
예수전도단 번역
주님 의 진 리를 - 내게가르치 소 -서 -
주님의 진리의길로 - 내가행하오 리 - 니
주님 의 진 리를 - 내게가르치 소 -서 -
열심으 로 주의이름 - 경외하게 하 소서 -
나의 주하 내님 이여 - - 찬 양하리 - -
주의 이 름영원히 - - 높 이 리라 - -
주 내게 향한사 랑 크셔서 나의영혼 - 구원하
-셨으니 - 주 찬 -양 하리 내온맘으 로
- 찬 -양 하리- 찬 -양 하리-
찬 -양 하리 내온맘으 로 -

# 151
# ROMAN 16:19

Dale Garrott,
John Mark Childers
Ramon Pink and
Graham Burt
Spoken
Ro-mans six-teen nine-teen says- Ro-mans six-teen
Sung
nine-teen says- 선 한 데는 - 지 혜롭 고 - 악
한데는 - 미 련하 라 - 선 한 데는 - 지
혜롭 고 악 한데는 - 미 련하 라 - 평강
의 주님 속 히 사단을 너희 발 아래에
상 하게 - 하 리 평강 의 주 님 속
히 사단을 너희 발 아래에 상 하게 - 하리

여호와여 주의 도를 내게
가르치소서 내가 주의 진리에
행하오리니 일심으로 주의
이름을
경외하게 하소서

시 (86:11)

# 152
## 기뻐하며 즐거워하라

Nancy Gordon
예수전도단 번역
♩=69
F  Gm7  F/A  Bb C C/Bb  F/A  Dm7
기 뻐하며 즐 거 워하라 소리높여주를
Gm7  C  F  Gm7  F/A  Bb  C
찬 - 양 기 뻐 하며 즐 거 워하라
Gm7  C  1. F  2. F Bb/F  F
모 든 세 대 여 왕께 찬 양 기 찬 양 기
F  Bb  G7
뻐 하며 주께나 와 호 산 나 외 - 치
C  A7  Dm
세 손 을 높이들고 찬 양 주님
Bb  Gm7  Csus  F
께 - 면 류 관 드 리 세 - -

너희 의인들아
여호와를 기뻐하며
즐거워할지어다
마음이 정직한 너희들아
다 즐거이 외칠지어다

시 (32 : 11)

# 153
## 주님께 드려요

F  Fmaj7  Gm7
무지개를 찾아 다니시 나요
맑은날만 있다 하지않 아요
C  Bb/C  F  Bb/C  C7
돌고도는 생활 하 시 나요 -
궂은 날도 있을 거 예 요 -
F  Fmaj7  Gm7
헛된모 든 꿈을 다 가 지 고
그런날도 찬송 할수있 지요
Gm7/C  Bb/C  F  Bb/C
주님발앞에 모두 놓 아 요 드려
주님이모두 도와 주 세 요
F  Am7  Bb  C7
요 모두 다 주님께 드려 -요- 깨진
Gm7  C7  F  Bb/C
꿈 상한맘 - 지친 몸 - 드려
F  Am7  Bb  C7
요 모두 다 주님 께 드려 -요- 슬픈
Gm7  C  Bb/C  F  Bb/F  F
마 음 기 쁨으 -로 변 해 요 -

# 154
# 나 주님의 기쁨되기 원하네

다드림 번역
나 주 님 - 의 기쁨 되 - 기 원 하 - 네 - 내
겸 손 히 - 내 마음 드 - 립 니 - 다 -
마 음 을 - 새 롭 - 게 하소 - 서
나 의 모 - 든것 - 받 으 소 - 서
새 부대 - 가 되 - 게 하 - 여 주 - 사 - 주
나 의 맘 - 깨 끗 - 케 씻 - 어 주 - 사 - 주
님 의 빛 - 비 추 - 게 하소 - 서 - 내 가
의 길 로 - 행 하 - 게 하소 - 서 - 내 가
원 - 하 는 - 한 - 가 지 -
주 님 의 - 기 쁨 이 되 는 것 - 내 가
원 - 하 는 - 한 가 지 -
주 님 의 - 기 - 쁨 이 되 는 것 -

## 155
## 오주님

오 주 님 오 주 님 땅과 하늘을
지으신 주 - 주의 크신 능과 드
신 팔 로 주께 능치 못할일 없 네
- 능치 못할실 일 없 네 -

## 157
## 여호와 나의 하나님

하 스데반
여 호와 나의하나님 주 님만 사랑합 니 - 다
내 영혼 오직주님만 찬 양드 리 네
할 렐루 할렐루 - 야 할 - 렐 루 - 야 -
할 렐루 할렐루 - 야 할 - 렐 루 야

## 156
## 내 영혼이 주를

Jeff Nelson
내 영 혼 이주를 - 갈 - 망 하나 이다
- 물이 없 어마 르고 - 곤 핍 한 땅에
서 성 소에-서 주 -를 바라보았 - 나
이 - 다 주의-권 능과영--광-을
내입 술이 찬 - 양하 며 주 송-축하
리 나 의 평 생 - 에
주의인 자 가생명보 다 나 - 으므
로 주의 이 름으로 - 손을들 리

주의 인자가 생명보다
나으므로 내 입술이 주를
찬양할 것이라
시 (63 : 3)

# 158
## 위대하신 주 하나님

Debra Hadfield
Tom & Robin Brooks
중대 기독학생회. 두란노 공역

위 대하신주 하-나님- 그는 놀라우신- 분
위 대하신 주 하-나님- 그는 놀라우신 분
우 리맘과 생-활을- 바꾸신주- 님-
크 신주의 역-사를- 이루시었 네-
주는 기묘자 모-사 전능왕 영 원-하신
아 버지 평강의왕- 영 원히다스 리시네위

# 159
## 경배하리 내 온맘 다해

David Ruis
두란노 번역

1. 경배하리 - 내 온맘-다-해--
2. 무릎꿇고 - 주 맞이-하-리--
찬 양하리 - 내 온 힘 다-해-
내 모든 것- 다 드--리리-
주 찾으리 - 나 사는-동-안-- 주
주 를향해 - 내 눈을-들-고-- 주
님 의길을 - 나 따라-가-리리-
의 지하리 - 주만 의지-하-리리-
주 님만-을 경 배-하리 주 님만- 을
찬 양-하리- 찬양받- 기 합당-하-신
존 귀하- 신 주만 높-이- -리-

우리 하나님이여
이제 우리가 주께 감사
하오며 주의 영화로운
이름을 찬양하나이다
대상 (29:13)

# 160
## 주를 부르라

정종원
주를 부르 라 주를 부르 라 그가
누구뇨 - 그가 누구뇨 - 그 가 -
예수 - 그리 스도 - 만왕 의 왕이요 살아
계신 - 하나 님 의아 들 - 살아
계신 - 하나 님 의아 들 -
들 - 예 수 -

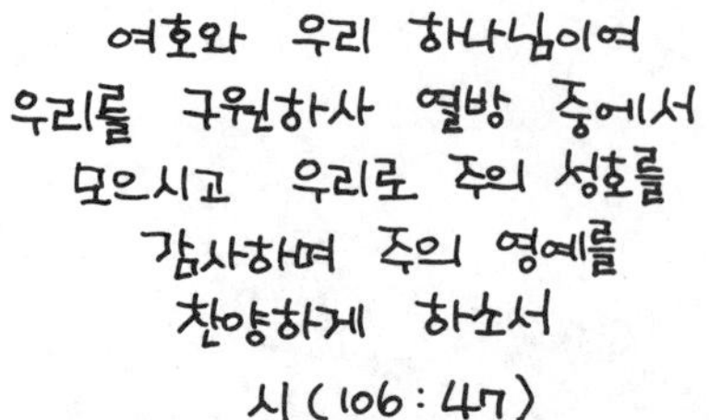

여호와 우리 하나님이여
우리를 구원하사 열방 중에서
모으시고 우리로 주의 성호를
감사하며 주의 영예를
찬양하게 하소서
시 (106 : 47)

# 161
## 주의 거룩하심 임할 때

Mark Altrogge
두란노 번역
주의 거룩하심 임할 때 새 우 혜 넘 치
주의 크 신권 능 임할 때 나 는 보 잘 것 없
주의 빛 난영 광 임할 때 모 든 명 예 버 리
네 - 모든 죄 사하 신 하 나 님 - 주앞
네 - 주의 힘 과지 혜 임 할 때 - 아무
네 - 주는 공 의로 운 하 나 님 - 신실
에 나서 있 - 네 외치세 거 룩거 룩
말 할 수 없 - 네
하 신 여호 - 와
거 - 룩 놀 라 운주 이 름 거 룩하 신
하 나 님 - 장엄 - 한주 의통 - 치 - 주님앞 -
에 - 나의 모든 것이변 하 - 네

# 162
## 주의 이름 부를 때

Chris A. Bowater
두란노 번역

1. 주 의 이름부를 때 - 주님 앞에엎드 리 어
2. 주의 이름부를 때 - 나를불드시는 사 랑
- 눈물 속에경배 하 네 - 주의이름부를 때
- 그사랑을확인 하 네 - 주의이름부를 때
- 주의이름부를 때 예 수 예 수
예 수 예 수 주의이름부를
때 - - 주 경 배 - -

# 163
## 나의 주 다스리시네

Chris A. Bowater
두란노 번역

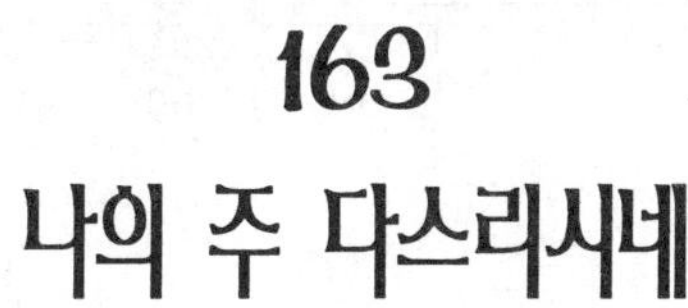

Worshipfully
나 의 주 - 다스리 시 네
- 나 의 주 - 통치하 시 네
Fine
- 주의나라 가 - 임할때까 지
- 주님의뜻대 로 - 날불드소 서 -

# 164
## 그이름 예수

Don Moen
& Tom Brooks
예수전도단 번역

♩ = 92
그 이름 예 - 수 만유의 주
크 신권 능 앞 - 에 우리엎드 려
2nd time to coda
거룩한 손 들고 주 경배 합 니다
그이름 예 - 수 만유의 주 -
왕 의왕 또 주 의주 만 물 의창조 자
왕 의왕 또 주 의주 만 물 이찬양 해
Coda
그 이름 예 - 수 그 이름 예 - 수
그 이름 예 - 수 만유 의 주
- 만유의 주 - 만유의 주 - -
D.C.

# 165
## 주 여호와가 통치하시네

찬양하는 사람들
♩=72
주 여호와 가 - 통치하시 네 - 주님발 앞에 — 모두 나와
무릎 꿇고 경배드리 세 주 여호와
가 - 통치하시 네 - 주님발 앞에 — 모두 나와
고개 숙여 예배드리 세 - 인자하 신 주찬양
해 - 그는 동일 하신주 하나 님
주 여호와 가 - 통치하시 네 - 주님발
앞에 — 모두 나와 소 리 높여 찬양 드리 세

# 166
## 하늘에 있는

Bob Fitts
예수전도단 번역
♩=80
하늘에 있는 모든 만 물 들아
왕께 찬 양 돌릴 지어 다
만 물의 찬 양을 보 좌에 앉 으신
주 일어나 - 다 들 으시
네 하늘에 네 —

여호와는 광대하시니
우리 하나님의 성, 거룩한 산에서
극진히 찬송하리로다 터가 높고
아름다워 온 세계가
즐거워함이여 큰 왕의
성 곧 북방에 있는 시온산이
그러하도다

시 ( 48 : 1-2 )

# 167
# 거룩한 보좌 앞에

Robert Gay
예수전도단 번역

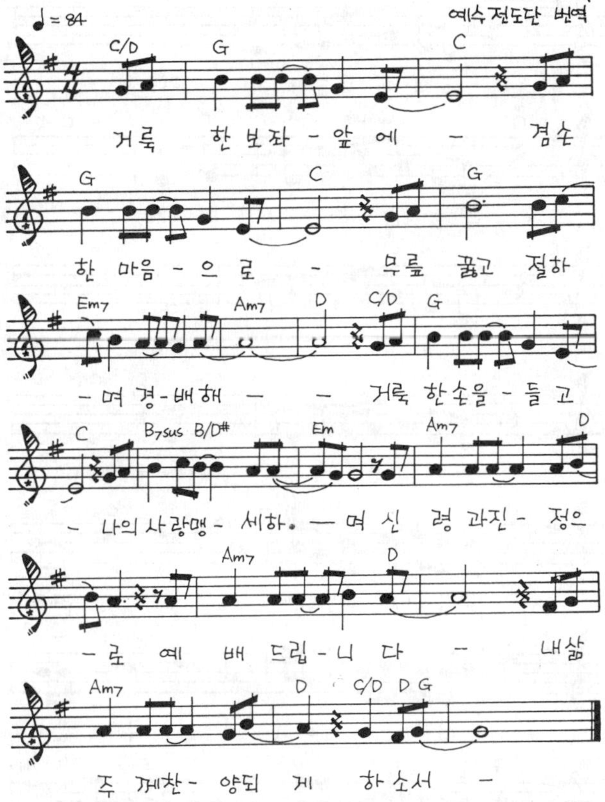
♩= 84
거룩 한보좌-앞 에 - 겸손
한 마음-으 로 - 무릎 꿇고 절하
-며 경-배해 - - 거룩 한손을-들 고
- 나의 사랑맹- 세하. -며 신 령 과진- 정으
-로 예 배 드립-니 다 - 내삶
주 께찬- 양되 게 하 소서 -

# 168
# 오 나의 주님

Chris A. Bowater
두란노 번역

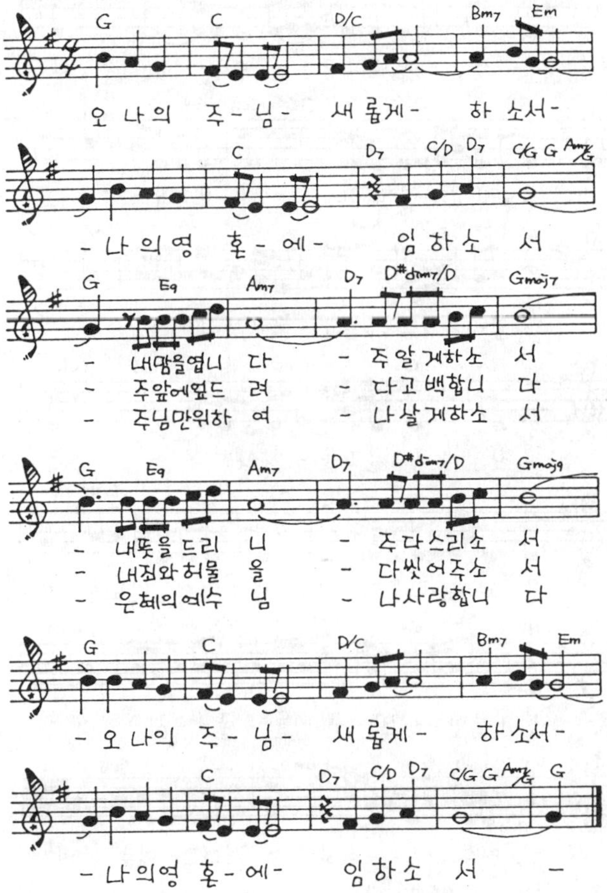
오 나의 주-님- 새 롭게- 하 소서-
-나 의 영 혼-에- 임 하 소 서
- 내맘을열니 다 - 주 알게하소 서
- 주앞에엎드 려 - 다고 백합니 다
- 주님만위하 여 - 나 살게하소 서
- 내뜻을드리 니 - 주다스리소 서
- 내죄와허물 을 - 다씻어주소 서
- 은혜의예수 님 - 나사랑합니 다
-오 나의 주-님- 새 롭게- 하 소서-
-나의영 혼-에- 임 하 소 서 -

하늘에 있는 자들과 땅에
있는 자들과 땅 아래 있는 자들로
모든 무릎을
예수의 이름에 꿇게 하시고
빌 (2:10)

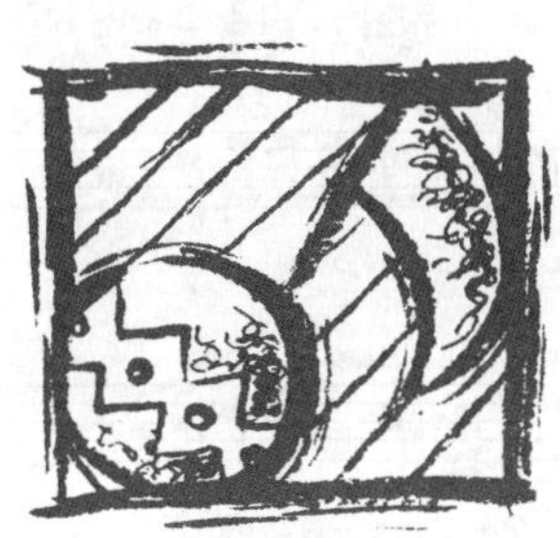

# 169
## 예수 이름 높이세

# 170
## 주의 이름 높이며

최덕신

수   많은 무리들 - 줄지어 - 그
분을 보기위 -해따르네 - 평 범한목수이신 그
분 앞에- 모든 무릎이 -꿇어경 배-하- 네
모   든 문제들 -하나하나 - 죽
음 까지도-힘을잃고 - 생 명의구원되신 예
수이름앞-에 모든 권세들- 굴복-하- 네
- 예수 이름높-이세- 능 력의그-이름 예수
이름높-이세- 구 원의그-이름 -예수 이름을부-르 는
자 예수 이름을믿-는 자 - 예수
이름앞에-나오는- 자 복이있-도 다 - -

Rich Founds
예수전도단 번역

주의이름높- 이 며
주를 찬양하-리 라 -
나를 위 해이- 땅 에
오 신 주를찬- 양 해 -
하늘 에서 이 땅에 - 내 - 려와
- 십자가 -에 달려서 - 날 구 했네
- 무덤에-서 일어나 - 하늘로 -올라가신
- 주의 이름높 - 이 - 리 - -

PRAISE

# 171
## 모든 민족에게

# 172
## 더 넓은 세계를

Ray Goodie.
Dave Bankhead
K Steven Bassett
두란노 번역

선교한국 94 연합찬양팀

♩=80

1. 모 든 민 족 에게 - 주 성 령부어 주소
2. 모 든 열 방 에게 - 주 성 령부어 주소
서 - 하 나 님 의 백 성
서 - 영 광 중 에 오 사 - 주
주 의 말 씀 주 시 고 - 꿈 과 환 상
경 외 하 게 하 시 고 - 큰 신 능 력
주 사 - 주 의 비 밀 알 리 소 서 -
으 로 - 땅 과 하 늘 흔 드 소 서 -
우 리 믿 사 오 니 - 하 늘 이 주 의 날 선 포
주 를 기 다 리 니 - 만 물 이 주 의 날 올 봄
- 케 하 소 서 - 그 날 엔 주 - 의 영 이
- 게 하 소 서 -
임 하 여 - 큰 부 흥 이 - 땅 위 에 일 - 어 나 리 라
모 든 영 혼 - 깨 어 일 어 날 때 - 주 예 수 를 - 부
르 는 자 는 - 구 원 되 리 -

더 넓 은 세 계 - 를 보 기 원 합 니 다 - 주 의 사 랑 - 의 - 눈 길
- 로 - 더 많 은 삶 을 - 건 지 기 원 합 니 다 - 우 리
섬 김 - 의 손 길 - 로 - 더 깊 은 헌 신 - 가 운 데
이 끄 소 서 - 오 직 성 령 - 의 - 불 길 - 로 - 더 이
상 주 저 없 이 내 딛 게 하 소 서 - 우 리 믿 음 - 의 - 발 길
- 로 - 모 든 족 속 마 - 다 교 회 를 - 그
구 원 의 물 결 - 을 - 모 든 사 람 에 - 게
복 음 을 - 그 생 명 의 숨 - 결 을 -

# 173
# 나의 가는 길

Don Moen
두란노 변역
♩ = 126
나 의 가 - 는 길 - 주님 인 도 하 - 시 네
- 그 는 보이지 않아도 - 날 위해 - 일 하
- 시네 - 나 의 인 - 도 자 - 항상
함 께 하 - 시 네 - 매일 사 랑 과 - 힘
주 시 며 - 인 도 하 - 시 네 -
인 도 하 - 시 - 네
광야 에 길을 - 만 드 - 시 고 - 날
인 도 해 사 막 에 - 강 만
드 신 것 - 보라 -
하 늘 과 땅 - 변 해 도 - 그 의
Fine

말 씀 영 - 원 히 - 내 삶 에 -
D.C al Fine
새 일 행 - 하 리 - -

# 174
# 주 내 맘에 모신후에

Bill Gaither
예수전도단 변역
주 내 맘 에 모 신 후에 날 주
장 하 시 네 - 주 께 내 맘
드 린 후에 더 욱 섬길 수 - 록 더 귀 한주
님 - 더 욱 섬길 수 록 더 귀 한주
님 더 사 랑할 수 록 주 날 사 랑 해 매
일 내 맘 속 에 기 쁨 넘치 네 더
욱 섬길 수 - 록 더 귀 한 주 님

# 175
## 오직 주님만

Andy Park
두란노 번역

오직- 주 님만- 나 의맘의- 갈급- 함채-우네
- 오직- 주 께만- 더 가까이-가기를원 -하
네 주님 만내갈급함- 채우 -네- 주만
내 게새생명- 주네 - 주만 기 쁨내맘에- 주시
- 네- 나의 기 도응답하-시 네
네 주님일 네 나의 기 도 응답하-시 네

# 176
## 주님의 날개 아래 살리라

D.J. Hadden
& Sulvester
두란노 번역

주님의-날-개 아래-살-리 라 - 참나의
안식처 — 주 안에-나-함 -께- 거-할
때 - 나 경 배 경
배 주 경 배 하 리 -

# 177
## 새롭게 하소서

전 1:9
고전 5:17

해아 래 새것 이- 없나니 이 죄 인건 지신 주
보 라 새 롭게 된이피조물 주 의 놀라 운권 능
찬 양 하세 우리 주 오 주 여영 광받 으소서
새 롭게 하소 서 새 롭게 하소 서
새 롭게 하소 서늘 새 롭게 하소 서

이미 있던 것이
후에 다시 있겠고 이미
한 일을 후에 다시 할찌라
해 아래는
새것이 없나니

전(1:9)

# 178
## 주님만이

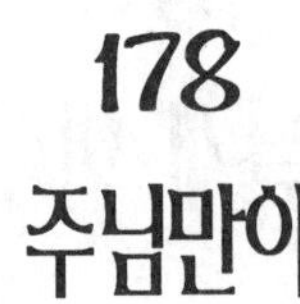

조효성
나 약해있을때에도 주님은함께계시
시험당할때에도 주님이지켜주시
고 나 조 망잃을때에도 주님은내게오시
실 망당할때에도
네 나 님이위로하시네 주님만-이
내 힘이시며 오 주님만-이
날 도우시네 오 나의주-님 내 아버지
여 오 나의주-님 내 사랑이여

# 179
## 내 영 자유케

예수전도단 번역
내 영자유케 하소서 오 주님
주 경배하고 찬양하리-다
모 든짐벗고 자유케 하소서
내 영자유케 하옵소서 -

# 180
## 하나님께로 더 가까이

하 스데반
하 나님께로 더가까이 갑니다
고 통가운데 계신주님 -
변함없는주님의 크신사랑 -
영원히 주님만을 섬기리 -

저가 네 모든 죄악을
사하시며 네 모든 병을 고치시며
네 생명을 파멸에서 구속
하시고 인자와 긍휼로
관을 씌우시며

시 (103 : 3. 4)

# 181
## 주여 인도하소서

최 인혁
지 치고 - - 상 한 - 내영 혼을 - 주여
받아주소서 - 내 가 주께 로 지금 가 - 오
니 버림 받고 - - 깨 진 - 나의 마음을 - 주여
받아주소서 - 내 가 주께 로 지금 갑 니 다
힘한세 상에 날홀자있 게 마 시 고
오 주여 - 나 를 인도 하소서 - -
거친 비바람 - 불어 올때 나 를보호하 시고 -
오 주여 - - 나 를 인도 하 - 소 서

# 182
## 주님과 같이

Lenny LeBlanc
두란노 번역
주님과 같 - - 이 - 내마음 - 만지는 분은없네 -
오 랜세 - 월 찾아 난알았네 - 내겐 주밖에 없 - -
Fine
- 네 - 주 자비 강 - 같이흐 - - 르 - 고 주
손길 치 - 료하 - 네 - 고통받는 - 자녀품
- 으 - 시 - 니 주밖에 없 네
D.C. al Fine

이와 같이 성령도 우리
연약함을 도우시나니 우리가 마땅히
빌 바를 알지 못하나 오직
성령이 말할 수 없는
탄식으로 우리를 위하여
친히 간구하시느니라

롬 (8:26)

# 183
## 하나님의 어린양

요 1:29
사 53:4-6
♩=64
고 형원

보라 세 상죄를지고 가는  하 나님 어린 양 그는
실로우리의질고를 지고 우리 슬픔을 - 당하셨 다 보라
세 상죄를지고 가는  하 나님 어린 양 그는
실로우리의질고를 지고 우리 슬픔을 - 당하셨 다 그가
찔림은 - 우리의 허물 우리의 허물 - 인 함이 - 요 그가
상함은 - 우리의 죄악 우리의 죄악 - 인 함 이 - 라그가
징계를 받음 으로  우리가평화누리 고 그가
채 찍에채찍에 맞음으로 우리 가 우리 가 - 나음
을 - 입었도 - 다 나음 을 - 입었도 - 다 나음
을 - 입었도 - 다 나음 을 - 입었도 - 다 -

# 184
## 놀라워라

John Pantry
최유신 번역

놀 라 워 라 주 베 푸 신  그 은혜
놀 라 워 라 주 베 푸 신  그 사랑
십 자 가 공로로 자 유 케 했 네
내 죄 사 하시려 피 흘 리 셨 네
놀 라 워 라 주 베 푸 신  그 은혜
놀 라 워 라 주 베 푸 신  그 사랑
내 모 든 허물을 다 씻 기 셨 네
묶 인 것 푸시고 자 유 케 했 네
- 내 모 든것 을 - 주 께 드 리 리 나를
사 랑 하 시는 - 주  님   께

그가 찔림은 우리의 허물을 인함이요
그가 상함은 우리의 죄악을 인함이라
그가 징계를 받음으로
우리가 평화를 누리고 그가
채찍에 맞음으로
우리가 나음을 입었도다

사 (53:5)

# 185
# 신실하신 주

Lenny Le Blanc 사
Greb Gulley 곡
기쁨 찬양 선교단 번역

날마 다 떠오르-는 해처럼 오 나의 주님 은
폭풍 우 몰아쳐와도 - 나
신실하신분 때마 다 주시는 주님의 그비 처럼 -
의뢰하는것 - 신실 하신-분 신실하신-분- 별들
신실하신 - 주 - 봄마 다 -피는-장
이 그빛을잃고- 세상다해도 - 신실하신-분-
-미처럼 오 나의주님 은 신실하신분 주님
주님을의-지-해- 요 신 - 실
이 내맘에 베푸신 그삶 처럼 - 신실하신 - 주
날마 신 - 실 신 실하
- 내죄를 대속해-주신 - 그피와 - 십자가볼때
신 주님 나 의주 님

여호와의 자비와 긍휼이 무궁하시므로 우리가 진멸되지
아니함이니이다 이것이 아침마다 새로우니
주의 성실이 크도소이다
애 (3 : 22.23)

# 186
## 주 예수 우리 죄 위해

# 187
## 고아들의 아버지

Chris A. Bowater
두란노 번역
주 예수 우 리 죄위해 - 상하 - 시고 -
고 통당 - 했네 고 통당 - 했네 - 주
징 계를 - 받음 으로 - 우린 평 하누 - 리 고 - 주
채 찍에 - 맞으사 - 우리 - 는 나음 - 을 입었 -
네 주의 - 피로나 - 음을 입었 - 네 세상 -
모 든죄 - 와죽 - 음을 - 주 님 이지 - 셨 - 네
주 의상처 - 못박힌손 - 우리를 —
고치셨 - 네 -

Graham Kendrick
두란노 번역
(요) 고 아들 - 의 아 버지 - 모 든 가 족 축
복 하네날 돌 - 보시는 아 버지 -
생 명주고 - 죄 사 했네 - 나 주 의 품에
안 전해날 돌 - 보시는 아 버지 -
영 원히 - 내아 - 버지되 - 시네 - 주의
- 품안에 - 나 안 전해 - 영 원히 -
주의돌보 - 심 사 랑해 -
주의돌보 - 심 사 랑해 -

너희는 하나님께로부터 나서 그리스도 예수
안에 있고 예수는 하나님께로서 나와서 우리에게
지혜와 의로움과 거룩함과 구속함이
되셨으니
고전 ( 1 : 30 )

# 188
## 한 아기가 우리에게

사 9:6
예수전도단 번역
G          C
한 아 기 가 우리 에 게 났 고 — 한아
D7          G      G7      C
들 우 리게 주셨 네 — 그 어 깨
G                    D7
에 정 사 를메었 네 - 그이 름 기묘
Am      G      D7      G      G7
자 그이 름 모 - 사 전능 하 나 님 영
C              G
존 하 시 는 아 — 버 지 - 평강
D          C      G
의 왕 - 이 시 라 -

이는 한 아기가 우리에게
났고 한 아들을 우리에게 주신 바
되었는데 그 어깨에는 정사를
메었고 그 이름은 기묘자라,
모사라, 전능하신
하나님이라, 영존하시는 아버지라,
평강의 왕이라 할것임이라
사 (9 : 6)

# 189
## 주여 여기 오소서

G          Em      C      D7
주 여 여기 오소 서      내맘속에오소
예 수 이름 기쁨 이      샘솟듯이넘치
G                    Em
서 주 여 - 오 주여 여기 에      우리맘에오소
네 예 수 - 그이름 찬양 해      이름속에비밀
G Fine            Em
서 주님 주신 믿음소망 사랑 가지 고
을 예수 생명 나의것이 되어 버렸 네
C      D7
주님앞에왔으 니 참된 기쁨 참된평화 쾌히
그와함께살겠 네 내가 그로 인해주의 뜻을
Em      C      D7      G   D.C.
주시 고      영광받아 주소      서
알았 네      예수 찬양 하 리      라

# 190
## 여호와의 영광을

합 2:14
정종원
G          F          C
여 호 와의영광 - 을 인정하는것이 세 상에가득하리
G                    F
- 라 - 여 호 와의영광 - 을 인정 하는 것이
C          G
세 상에가득하리 - 라 - 물이 - 바다를
Fmaj7      Cadd9      G
덮음 같이 - 가득 - 인정되 리라 -
G      Fmaj7      Cadd9      G
물이 - 바다를 덮음같이 - 가득 - 인정되 리라 -

## 191
## 예수 존귀한 주이름

Brightly
Phil Lawson Johnston
두란노 번역
1. 예 수 존 귀한 주이 름
2. 예 수 주 께경 배하 며
3. 예 수 하 나님 의광 채
예 수 찬양합니다 떠어 난
예 수 의지합니다 주님은
예 수 기쁨되신 주 위엄의
위 엄의 주 이름을 온 땅과하늘 외 치리 예
왕 의왕 이 되시니 만 물이노래 하 겠네
주 님다 시 오심을 모 든사람이 보 리라
수 는 하 나 님 영광돌 리며
주를 높 이리 존귀 찬양 드리 리
라 영광 돌 리며 주를 높 이리
존귀 찬양 드리 리 라

## 192
## 영광과 존귀

예수전도단 번역
영 광과 존 귀와찬 양을 주 께
음
영 광과찬 양을 주 께 영 광
존 귀를
영 광과찬 양을 주 께 영 광
존 귀를
존 귀 주 께영 광돌 리 세
존 귀 주 께영 광돌 리 세

대저 물이 바다를
덮음같이 여호와의 영광을
인정하는 것이
세상에 가득하리라
합 (2:14)

## 193
# 주 예수의 이름 높이세

Doug Horley
두란노 번역

주 예수의 이 -름 높 -이 세 - 온 땅을 덮는
- 깃발 - 처럼 - 모든 사람진 - 리를 보며
- 길되신 주 -를 알 - 리 주 예수여
주 예수여 높임을 받으 - 시 옵 - 소서
- 주예수여 주 예수여 높임을 받으
-시 옵 -소서 - 한걸 음 씩 전 -진 하 -며 이 땅을
정복 해 -가네 - 기도 로 무기 -삼으 -면 원수
눈 무너지리 -무너 -지리 - -라-

의인이여
너희는 여호와로 인하여
기뻐하며 그 거룩한 기념에
감사할지어다

시 (97:12)

## 194
# 주 예수 경배하세

Graham Kendrick
두란노 번역

1. 주 예수 경 배하 -세 열방의 -왕 만 유의주
2. 온 맘과 정 성다 -해 사랑으 -로 찬 양하라
3. 주 님을 경 외하 -라 그의 심 -판 다 가오네
위 엄과 영 광좀 -귀 자비 하신 주
온 민족 방 언으 -로 소리 합 하 여
전 능한 창 조의 -주 경 -배 하 라
예 -수 만 유의 주 -재 예 -수 열 방의왕
예 -수 만 유의 주 -재 열 방의 왕 -

## 195
# 나는 노래하리

나는 노 래하리 나의 주님께 콘 일 하신 나의주 께
나는 찬양하리 주의 이름을 위 대 하신 나의왕 께
나 팔을 불 -며 하 프를 타 -며 탬 버린으 -로 춤을 추세
플 룻을 불 -며 비 파를 타 -며 모 두다 찬양하 세

# 196
## 주님의 영광

시 96:5-7
고 형원
영 광을돌 - 리세 - 우 리하나 - 님께 - 존 귀와위 - 엄과 - 능력
과아름다움 만 - 방의모든신은 헛 된우상 - 이니 - 오직
하늘의하나님 - 그 영광찬양해 - 주님의 영 광 모
든 나 라위에 - 주님의 영 광 온 세 계위에 - 하늘
에계신 - 우리아버지 영광찬양해 - 우리 주님나라 영원하리라
- 우리 주님 뜻은 이뤄지리라 -

만방의 모든 신은 헛 것이요
여호와께서는 하늘을 지으셨음이로다
존귀와 위엄이 그 앞에
있으며 능력과 아름다움이
그 성소에 있도다

시 〈96:5.6〉

# 197
## 샬롬 예루살렘

Paul Wilber
두란노 번역
샬 롬 샬롬 예 루 살렘 평안하 라 -
본 향으로 주 인 도 찾을때 네게 찬 양 - 넘 치
리 -
1. 평안해 - 여 루 살렘
2. 이스라엘 주 의 사랑 -
하나님의 성 구원과용서의 기 쁨이 -
에브라임 이여 내 맘에기쁨준 그 소식 -
너의 길 - 을 덮었 네 -
메시야 - 가 오셨 네 -
주은혜임하 - 시 니 - 크 게 외쳐 라
형제들아들 - 으 라 - 주 께돌아 와
거룩한주께복 있 도다 - Ye shu-aT'-A-do-
nai - 샬 모두경배하리 A-do-nai -
- 메시 야 알리라 - - 샬

# 198
## 해방되었네

롬 8:1.2
박윤호
해방 되었네 해방되었 네 죄와사망의 법에 서
해방 되었네 해방되었 네 죄와사망의 법에 서
예수안 - 에 있는 나에게 결코정죄함 없나 니
예수안 - 에 생명의법 이 나를해방하였 네

# 200
## 날 도우시네

날도우 시네 오주님 나 의하나님 날 도와이길 갈힘주시
네 날도우 시네 오주님 나 의하나님 날 도와이길 갈힘주시
네 상 한영고 치시며 갇 힌자도우시고 저
눈 자겁 게하고 눈 뜨게 하시네 날도우
시네 오주님나 의 하나님 날 도와이길 갈힘주시 네

# 199
## 예수 안에 있는 나에게

롬 8:1-2
구명회 · 박윤호
예수안에있는 나 에게 - 결코정죄함없 네
생 명의성 령 의 법이 - 해방하였 네
해 방하였 네 예수 예수 오 직예
수 - 예수 예수 오 직예 수
죄와 사망에서 - 나를 구원했네 -
죄와 사망에서 - 나를 구 원했 네

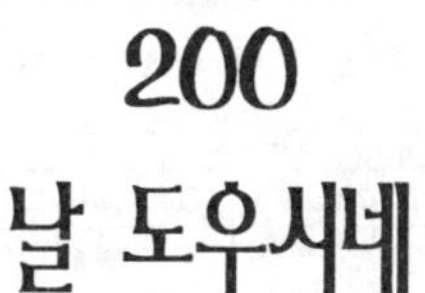

그러므로 이제 그리스도
예수 안에 있는 자에게는 결코 정죄함이
없나니 이는 그리스도 예수 안에
있는 생명의 성령의 법이
죄와 사망의 법에서
너를 해방하였음이라

롬 (8:1.2)

# 201
# 길 만들라

다드림 선교단
G   Am7   Dsus4   G   Am7   D7   G   Am7
길   만들라주 오 신 - 다영 광 중 - 에
저   상한마음 고 치시고 죄 인 자유 케
눌린  마음으로 우 느 자 한 숨 쉬는 자
자   이제함께 경 배하세 만 유 의주 를

G   Am7   Dsus4   G   Am7   D7   G
문   활짝열고 주 맞이해 네 삶 속 에
귀   열리고 저는 자 걷 - 고 눈먼 자 보 리
옷   음과 기쁨 왕 관으로 단 장 하 리
주   앞에 다른 신 없 - 네 전 혀 없 네

G   Am7   Dsus4   D   Em   D   Em   D
길 - 을 만들 라 왕의 왕위 해 -
길 - 을 만들라 왕의 왕위해

G   Am7   Dsus4   D   Em   Dsus D7   G(5/G G)
길 - 을 만들 라 주의 나라 임 하 리
길 - 을 만들라 주의 나라 임 하 리

항상 기뻐하라 쉬지 말고
기도하라 범사에 감사하라 이는
그리스도 예수 안에서 너희를
향하신 하나님의 뜻이니라

살전 (5:16 - 18)

# 202
# 항상 기뻐해요

최덕신
G   Em   C
항상 기뻐 해요 - 항상 기뻐 해요 - 항상 기뻐 해요 - 주님

Am   D7   G   E
주 신 기쁨 - 쉬지말 고기도해요 - 쉬지말 고기도해요 - 쉬지말

C   Am   D7   G
고기도해요 - 기도 는 우리호흡 - 범사 에감사해요 - 범사

Em   C   Am   D7
에감사해요 - 범사 에감사해요 - 모든일 주님 주관하시니 - 이는

Bm   Em   C   D7   Bm   Em
그 리스도 - 예 수 - 안에서 우리 를 향하신 - 하

Am   D7   G
나님 의뜻 이 - 니 - 항상 기뻐 해요 - 쉬지말

Em   C   Am   D7
고기도해요 - 범사 에 감사해요 - 주님 뜻 대로 삽 시

1. G   2. G
다 이는 다 항상 기뻐 해요 - 쉬지말

Em   C   Am   D7
고기도해요 - 범사 에감사해요 - 주님 뜻 대로삽 시

G   Em   Am   D7   G   Em
다 주님 뜻 대로삽 시 다 주님

Am   D7   G
뜻 대로 삽 시 - 다 -

# 203
# 나팔소리 천사의 노래

Graham Kendrick

1. 나팔 소리 천사의 - 노래 하늘의
2. 하늘의 평화와 - 기쁨 다 와서
3. 가난한 마음채 - 우고 그 에게
축 제열 - 리네 하늘문 활짝열 - 고서
함 께맞 - 보세 주 사랑 네 게넘 - 치니
천 국주 - 시네 놀 라운 주 의선 - 하심
주 님널 맞 이하 - 시네 기쁨의노래
나 에게 부 족함 - 없네
하 늘과 땅 이외 - 치네
함 께부 - 르세 하늘 의빛과 사 랑안 - 에서
왕의식탁에 와 서앉 - 으라 하늘의
축 제열 - 리네 하늘의 축 제열 - 리네

수고하고
무거운 짐진 자들아
다 내게로 오라
내가 너희를
쉬게
하리라
마(11:28)

# 204
# 내게 오라

Linda Rich

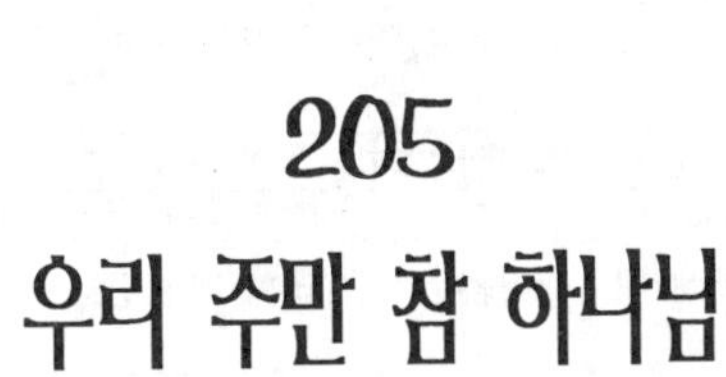

내게 오라너 무거운 짐을진자 쉬게하리 라
나는 널 인도하는 목자 -
또 나는 저산밑의 백합 -
길 진리 생명되나 니 -
빛 나는 새 벽별되니 -
너지체 말고어서 오라 - 내가
너이제 네모습그 대로 - 내가
너희들을 쉬게하리 라 -
만 나기를 원 - 하노 라 -

# 205
# 우리 주만 참 하나님

Lynn de Shazo
다드림 번역

우 리주 만참 -- 하나 님 - 우리
하나 님만 이참 -- 반 - 석 - 내
새 와 방패 - 구 원의 망 - 대 가되시
손 을 - 가르쳐 - 싸 워서 - 이 기게하시
네 주의지하 는 - 자에 게 - - -

# 206
## 기쁨의 탄성

# 207
## 오시오

노기돈

1. 가난한 자가 복 음듣 게 될 때 포 로된자
2. 어둠속 에서 빛 을보게 될 때 잃은양을

결박풀 어 질 때 눈 먼자 가 다 시 보 게
다시찾게 될 때 절 망중 에 주 를보게

될 때 눌 린자가 자유-케 될 때
될 때 풍 랑중에 주함-께 할 때

기 쁨의 탄 성 을- 누가막으리 요

기 쁨의탄 성 을- 누가막으리 요

기 쁨의 탄 성 을- 누가 막으리 요

기 쁨의탄 성 을- 누가막으리 요 -

빠르게
최인혁

외로움에- 지친 사 람들 오 시오 - - 당

신을- 위로- 할 사람있소 - - -

외로움에- 지친 당 신의 마 음에 - -영

원한- 사랑- 을 전 해주네 - -

그 분은 우릴 위해 - 죽으신 주 -

영원한 생명되신 주 - - -

그 분은 사 랑 그 분은 생 명 - 우릴

구 원 하신 예- 수

# 208
## 주를 찬양

최덕신 사.곡
G(add9) G/B C D G
1. 세 상의유혹 시험이-내게 몰려올때-에 나
2. 거 짓과속임 수로 — 가득 찬세상에-서 어
3. 주 위를둘러 보면 — 아- 무 도없는-듯 밑
C G/B Am9 Dsus4 D G G/B
의힘으로 그것늘-모두 이길 수없네-거 대한폭풍 가운데-위축
디로갈지 몰라 — 머뭇 거리 고있네-공 중의권세 잡은자-지금
음의눈을 들면 — 보이 눈볕 계시네-지 금도 내안에서 — 역사
C D G C G/B Am9
된나의영 - 혼 어 찌할바를 몰라 - 헤매 이고 있을 때
도우리둘 - 을 실 패와절망 으로 - 넘어 뜨리 려하네
하고계시 - 는 사 망과어둠의권세물리 치신 예수 님
Dsus4 D7 C/G G C D7 G C G/B
- 주를 찬양 손을들고찬 - 양 전 쟁은 나에게 - 속 -
Am9 Dsus4 D C/G D7 G
한것 아니니-주를 찬 양 손 을들고찬 - 양 전
C G/B Am Dsus4 D C/G G
쟁은 하나 님께 - 속 한 - 것 이 니

# 209
## 주님은 항상 살아계셔서

정종원
G C/D D Em C
주 님 - 은 - 항상 살 아 계셔서 - 진실
G/B A/C# D C/D D7 G C/D D
한 믿음 만을찾으시네 - 주 님 - 은 - 능히
Em G7 C D7 G Fine
중 심을아시고 - 사랑 과 능력을 베푸시네 -
Bm B/D# B7 Em
내영혼은 평안 하네 - 두 려 움과 걱정
B/F# Cmaj7 A/C#
없네 - 주께 맡긴 - 모두 삶은 - 주님
Am C6/D D7 D.C
계 서 - - 이미아 - 시네 -

자녀들아 너희는 하나님께
속하였고 또 저희를 이기었나니 이는
너희 안에 계신 이가 세상에
있는 이보다
크심이니라

요일 (4:4)

## 210
## 주예수 다스리시네

## 211
## 죽임을 당하신

Bob Farrell
& Dave Robbins
두란노 번역

♩=66

주 예 수 다 스 리-시 네 주

예 수 다 스 리-시 네 주 네

인자와 성실하 심을 다 감사드 리세 영
엄으로 옷입고 능력과 영광두 르신 주

원히 주 보 좌 눈 전부터 섰으니 영원한
예수 거룩한 주의일 그 나라 높여지

주님 영원하 신 주 네 주
리라 높여지 리 주

다 스 리 시 네 -

계 5:12
정종원

죽임을당 하신- 하나님의 어린양-

은 - 찬송을 받으소 서 -

능력과 부-귀 지혜와 힘

존귀와 영-광 찬송돌려

이 모든 것 받으시기-에

함 - 당하-신 주 -

하늘에 있는 자들과 땅에
있는 자들과 땅 아래 있는 자들로 모든
무릎을 예수의 이름에
꿇게 하시고
모든 입으로 예수 그리스도를 주라
시인하여 하나님 아버지께
영광을 돌리게 하셨느니라

빌 ( 2 : 10. 11 )

# 212
# 나는 광대한

Russell. L. lowe
예수전도단 번역
♩=76
A      E/G#      D/F#
나 는 - 광대한- 주의름 - 찬-
나 는 - 광대한 — 주의름 찬-
Esus E      A      E/G#
양 - 나 는 - 영원 -히-
양 - 나 는 영 원 -히 ——
D/F#   E   A   C#m7   D
주 를 높이 리 왕의왕 주의주 통
E/D   D/A A   D/E   A A/C#A   D
치하네 그 크신 위엄 으로 - 전 능하신
E/D   Bm7 A/C# Bm/D Bm7   1. Esus E
아버지 만 물의 창조- 자 -
2. Esus E   Bm7 A/C# Bm/D D/E   Asus   A Fine
자 - 만 물의 창조 자 -

# 213
## 거룩하신 하나님

Steve and Vikki Cook
예수전도단 번역
♩= 96
A　F#m7　Bm7　Bm7/E　E/D　C#m7　F#m7
거 룩하 신 하나님 홀로 찬 양 존 귀
Bm7　E D/F#E/G#　A　F#m7　Bm7　Bm7/E　E#º7
받 으소-서 거 룩하 신 하 나님 내
F#m　B7　Bm7/E　E D/F#E/G#　A　E/G#
온 맘 다해 찬 양 -　위 대 하
F#m　C#/E　Dmaj7　C#m7　Bm7　E D/F#E/G#
신　주 찬 양 해 ——
A　C#/G# C#7　F#m　C#m7　Bm7　Bm7/E　D/A A
거 룩하 고 진실하 신 주하 나 님 -

# 214
## 왕되신 주

Brian Doerksen
두란노 번역
♩= 68
Asus　A　Esus　E
왕 되-신 주 - 사랑 합 - 니다
D/F#　A　Esus　E
- 왕 되-신 주 - 경배 합 니다
D　F#m7　D　A/E　E
주께무릎 - 꿇고- 기쁨으로- 내 삶을드 리
1. D　2. D　F#m7
네　왕 되-신 네 내꿈과소 - 망도-
D　A/E　E　D
주 손에-다 맡 겨드 리 -네- 주를
A　E　Bm7　F#m7　D　E
사 -랑 사 -랑 예 -수 주를-
A　E　Bm7　F#m7　D　E　A
사 -랑 사 -랑 주 나의왕 -

대저 여호와는 크신
하나님이시요 모든 신 위에 크신
왕이시로다

시 (95 : 3)

# 215
# 오 하나님

Pauline Michael Mills
예수전도단 번역
오 하 나 님 영광 존귀 능력 받으소
서 — 받 으 소서 나 —의
주 님 — 영 — 광 존 귀 능 력 — 만
물 — 을 지으신 우리 — 주 님 모 든 것 창
조 하셨 네 — 주 님 뜻 대로
창 조 하 셨 네 — 주 님 받 으 노 서 —

우리 주 하나님이여
영광과 존귀와 능력을 받으시는
것이 합당하오니 주께서
만물을 지으신지라
만물이
주의 뜻대로 있었고 또
지으심을 받았나이다 하더라

계 (4 : 11)

# 216
# 주님 보좌앞에 나아가

Robert & Dawn Critchley
두란노 번역
Bulding, with strength
1. 주 님 보 좌앞 — 에 나 아 가 참된
2. 기 도 들 으 시 는 하 나 님 폭 풍
안 식 과 기쁨 — 나 누 리 — 겠 네 경
속 에 내 등불 — 내 노 래 — 시 라 주 의
배 하 — 며 주 의 얼 — 굴 구 할 때 신 실
날 개 — 아 래 서 내 — 맘 쉬 리 니
하 신 주 — 님 찬 양 해 신 실 하 — 신
하 나 님 — — 신 실 하 — 신 — 주 —
나 의 주 — 하 나 님 은 — 신 실 — 하 신 주
님 3. 평 화 내 려 주 — 신
하 나 님 나 로 고 통 받 — 는 자 — 를 위 로
하 게 하 — 소 서 — 나 의 평 생 에 — 주 의 사 랑 을 전 하
D.S al Fine
리 — 신 실 하 신 주 — 님 찬 양 해 신 실 하 — 신

## 217
## 나는 생명 양식

S. Suzanne Toolan
& Betty Pulkingham
예수 전도단 번역
나 는 생명 양 식 내게 오 는자주 리지 않고 나를
믿 는자 는  목마름이 없네 아 버지널부르 셨네
내너를 일 으키 리 -내너를 일 으키 리
내너를 일 으키 리마지막 날 - 에

## 218
## 나의 영이

♩=114
고 형원
나의영이 주 께 노 래합 니 다
나의영이 주 를  찬 양합 니 다
하 늘아 버지-나 경배합니 다
아 빠아 버지-나 사모합니 다 -

## 219
## 하늘이여 외치라

Steplen Hah
하 -늘이여 외 치라- 하 나 님의 크
신 위엄- 주의 영 광을- 선포 하 여라- 주
지으신만 - 물 아 산과 바닷물이- 기뻐
외 치네 - 주행한일- 놀라 운 권능- 모든
땅의끝이 - 경외 하리라- 선하신하 - 나
님 귀한 생명주신- 나의 창 조자-
주님만을 - 송축 하 리라- 빛난 영광중에 - 다시
오 실왕- 영원히찬 - 양 해

진실로 너희에게 이르노니
믿는 자는 영생을 가졌나니
내가 곧 생명의 떡이로라
요 (6: 47.48)

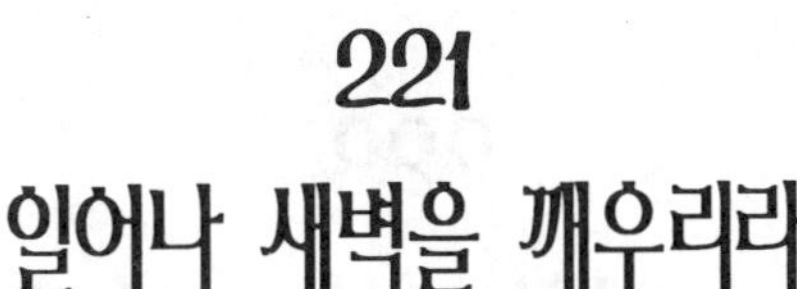

# 220
## 죽임 당하신 어린양

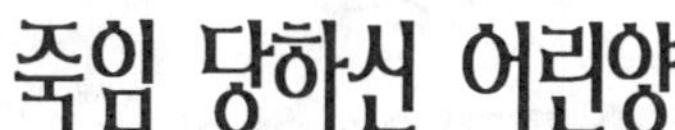

Don Moen
예수전도단 번역
죽임 - 당 하 신 어린 양 -
죽임 - 당 하 신 어린 양 주 님께
영광과 존 - 귀 지 - 혜 와 능 - 력
죽임 - 당 하 신 어린 양 -

# 222
## 날 구원하신 주

J. A. Hultman
문정선 번역
날 구 원 하신주 감 사 모든 것 주심감 사 지난
응답 하 신기도 감 사 거절 하 신것감 사 헤쳐
길가 에 장미꽃 감 사 장미 꽃 가시감 사 따스

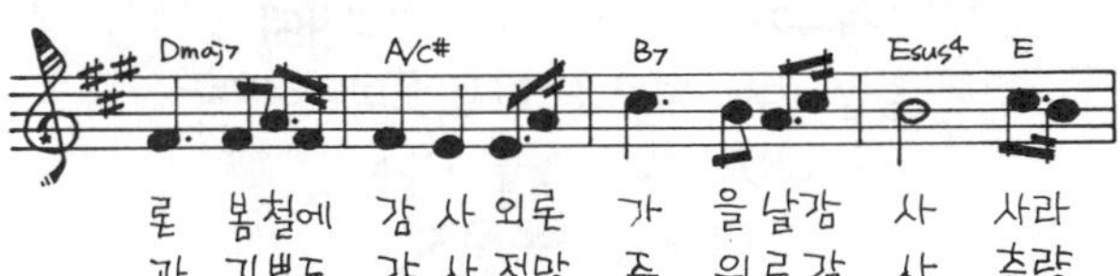
추 억인해 감 사 주내 곁 에계시 네 향기
나 온풍랑 감 사 모든 것 채우시 네 아픔
한 따스함 가 정 희망 주 신것감 사 기쁨

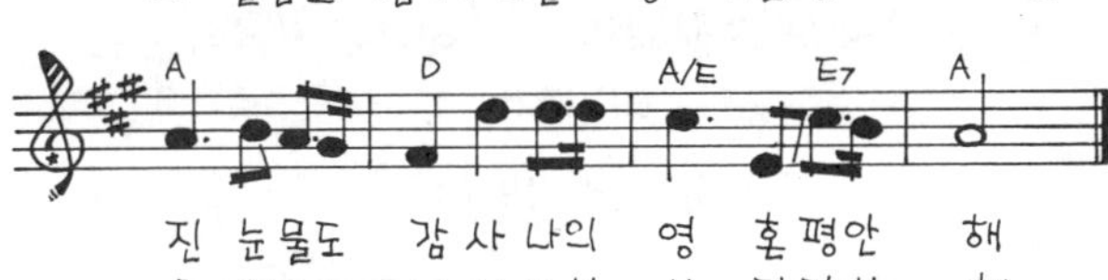
로 봄철에 감 사 외로 가 을날감 사 사라
과 기쁨도 감 사 절망 좋 위로감 사 측량
과 슬픔도 감 사 하늘 평 안을감 사 내일

진 눈물도 감 사 나의 영 혼평안 해
못 할은혜 감 사 크신 사 랑감사 해
의 희망을 감 사 영원 토 록감 사 해

# 221
## 일어나 새벽을 깨우리라

조동희
1. 지금 우리는 - 마음을 합하여 - 진정으로 찬양할때니
2. 지금 우리가 - 하나님의 지하고 - 담 - 대히 나갈때이니
- 모 이자 - 하나되 자
우리가갈 길이라 -
주 님이지키 시리라 - 찬양과 (온맘과
정성을다해 -) 기도와 (주님께서 기도 하신것 처럼 -)
말씀속 에 (권능으로 임 하시니) 사랑으 로 하나 되
자 우리의 젊음 모두다 해 주님을 찬 양하
며 온세상 에 주의사 랑 전하리 라 -
일 어나 - 새벽을 깨 우리 라 - 지금
너 희가 - 하나될때이 니 일어나 - 새벽을
깨우리 라 - 내가 너희와 - 함께 하리라 -

# 223
## 나는 알아요

# 224
## 우물가의 여인

Peter Jacobs 사
Hanneke Jacobs 곡
샬롬 노래 선교단 번역

Aadd2  E/G#  Gadd2  D/F#
나는 알아요 나기도 할 때 - 주 님 곁에서 모두 듣고
나는 알아요 나어려울 때 주 님 날 위해 기도하고

A/E  E  Aadd2  E/G#
계신 것 - 나는 주님 느낄 수 있 어요 - 나 내
주님 항상 날 기다리 시네 - 내

Gadd2  D/F#  A/E  E/G# F#m
기 도하며 주님 앞에 나 갈 때 - 조용히 내 - 곁에요
모 든 염려 가지고 나 아 오 - 꿈 -

C#m  Dadd2  D/E  A  E/G# F#m
셔서 - 내 맘 어루만지 - 시 - 고 - 놀라운 주 - 님의 그

C#m  Dadd2  D/E  E8
평안 - 내 맘에 채워 주 - 시 - 네 - 주님

E7  A  F#m
언 제나 - - 함께 하 시네 - - 어려운

E/D  D  Amaj7  A  Bm7
- 일 당할 때 - 또 기 쁜 일에도 - 함께 하시네 -

E  E7  A  F#m
- 주님 언 제나 -- 함께 하 시네 - 나는

E/D  D  D#7E  E7  A  2nd D.S.
알고 있어요 - 주 님 내 곁에 계심을 - -

A  A7  E
우물 가의 여인 처럼 난구 했네 - 헛
많고 많은 사람들이 찾았 었네 - 헛
내 친 구여 거기서 - 돌아 오라 - 내

A  A7
되 고 헛된 것들 을 그 때 주님 하신
되 고 헛된 것들 을 주 안 에감 추인
주의 넓은 품으 로 우 리 주님 너를

D  E  A
말씀 - 내 샘에 와 생수를 마셔 라 오 -
보배 - 세상 것 과 낱 비길 수 없 네
반겨 - 그 넓은 품 에 안아 주시 리

A  E  Bm  A
주님 - 채우 소서 - 나의 잔 을 높이 듭니 다 하늘

A  C#  D  E  A
양식 내게 채워 주소서 넘치 도 록 - 채워 주소 서

예수께서 대답하여 가라사대
이 물을 먹는 자마다 다시 목마르려니와
내가 주는 물을 먹는
자는 영원히 목마르지
아니하리니 나의 주는 물은
그 속에서 영생하도록 솟아나는 샘물이
되리라

요 (4:13.14)

# 225
## 사람들은

최덕신
사람 들 은 이렇게멋-진것 을
무엇-때문 에 외-면하--는 가
사람 들 은 이렇게값-진것 을
무엇-때문 에 원하 지 않-는 가 ---
주예 수 모-셔-요- 당-신 의구 주
로 주예수 모시-면- 구원 받 는이기 쁨
거듭 나 는새생 명
사람 들 은 이렇게멋-진것
을 - 무엇-때문 에 외-면하--는
가 사람 들 은 이렇게값-진것 을
무엇-때문 에 - 원하 지 않-는 가 ---

# 226
## 새벽

♩ = 68

천민찬
1. 새벽에 나는 알았소 형제가죽어 감 을 -
2. 한낮에 나는 알았소 태양이뜨거움 을 -
3. 해질때 나는 알았소 고난이끝났음 을 -

새벽에 나 는 알 았 소 내게서멀어져감 을
쏟아지는 햇빛아래 내형제가 또다시쓰러져가 네
해지는 저산너머 저끝에는 주님이나를부르 네

주여 구원하소 서 우리를인도하소 서 ---

생명 보다귀 한 사랑이 여기있습 니 다

여호와는 나의 빛이요
구원이시니 내가 누구를
두려워하리요 여호와는 내 생명의
능력이시니 내가 누구를
무서워하리요
시 (27:1)

# 227
## 부흥

느헤미야
학 3:2
♩=72
고형원
A  E/G#  F#  F#/E  D
이땅의 황무함을 보소서 - - 하늘의 하나님 - - 긍휼을
E  E7  A  E/G#  F#  F#/E
베푸시는주여  우리의죄악 용서  하소서 - - 이
Bm  G  E  E7  A  E/G#
땅 고쳐 주소  서  이제우리모두하
F#  F#/E  D  E  E7
나되어 - 이땅의 무너진 - 기초를 다시쌓을때
A  E/G#  F#  F#/E  Bm  G
우리의우상들을 태우실 -  성령의불 - 임하소
Esus4  E7  A  F#
서  부흥의불길 - 타오르게 하소서 -
Bm  E7  E/D E7 A
진리의말씀 - 이땅새롭게 하소서 - 은혜의강물 - 흐르게
F#  Bm  Esus4 E7
하소서 -  성령의 바람 - 이제불어  와  오-
A  C#7  F#  F#/E  D  Bm  E
주의영 - 광 가 득한  새 날주소 서 오-
A  C#7  F#  F#/E  Bm  E7  Asus4 A
주 님나 - 라 이 땅에  임 하 소  서

# 228
## 비젼

♩=74
계 7:9-11
고형원
A  Amaj7  D  E
우리 보 좌앞에보  였네  함께주를찬양 - 하
A  D  E  C#  F#  D
며 하 나님의사랑그  아들주셨네  그 의피로우린
Bm  E E7  A  Amaj7
구원받았  네 십자 가 에서쏟으신그  사랑
D  E  A  D  E
강같이온땅에 - 흘 러 각  나라와족속 백
C#  F#  D  Bm  Esus E
성 방언 - 에서 구원받고주  경배드리  네
A2  F#7  D2
아 - 멘 찬 - 송과 영 광과지 혜
구 원하심이 - 보 좌에앉으신 우 리하나 - 님과 어
Bm  Esus E  A2  F#7
감 - 사 존 귀 와  능 력과힘 우
린양께있도 다 구 원하심이 - 보 좌에앉으신 우
D2  Bm  Esus E  Asus A
리 하나님 께 세 세토록 아  멘
리하나 - 님과어 린양께 있 도  다

# 229
## 주님 나라 임하시네

# 230
## 주님이 주신 땅으로

고형원
수 14:12
홍진호

주님 나 라임하 시네 - 주의날은멀지않았 네 너는
일 어나 주 를따-르라 하나님널부르-시네 세상
은 아직 어둠 속에 - 빛되신주보기원하 네 너는
일 어나그 빛을발-하라 주님의영광 네게임 - 했
네 일어나 주 위해서라 - 강한용사 - 여 -
주님이너와 -너와함께하 -시네주께서 다 시오실길 - 그
길 예비하 - 라 - 영광의주님 - 오
만 왕의왕 -곧오시 네 -

주님 이 주신 땅으로 - 한걸 음씩 - 나아
갈 때에 수많 은 적들과 견고한성이 - 나를
두렵게 - 하지 만 주님 을 신뢰 함으로 - 주님
을 의지 함으로 - 주님 이 주시는 담대함으로 - 큰
소 리 외 치며 - 나아가 네 이산지 를 내게주
소 - 서 그날 에 - 주께서 말씀 - 하신 이제내
가 주님의 이름으로 - 그땅을 취하리
니 이산지 을 취하리 라 -

그날에 여호와께서 말씀하신 이 산지를 내게
주소서 당신도 그 날에 들으셨거니와 그곳에는 아낙
사람이 있고 그 성읍들은 크고 견고할찌라도 여호와께서
혹시 나와 함께 하시면 내가 필경 여호와의
말씀하신대로 그들을 쫓아내리이다

수 (14:12)

# 231

## 난 여호와로 즐거워하리

하박국 3:17-18
Tony Hopkins
예수전도단 번역

무화과 나뭇잎이- 마르고- 포도 열 매가없 으며
- 감 람 나무열매 그 치고- 논밭에
식 물이없 어도 - 우리 에 양 떼가
없 으며-외양간 송 아지없어도 - 난 여호와로
즐 거워하리 난 여호와로 즐거워하리 난
구 원의하나 님을 인해 기 뻐 하-리라 -

여호와의 속량함을 얻은 자들이
돌아오되 노래하며
시온에 이르러 그 머리
위에 영영한 희락을
띠고 기쁨과 즐거움을 얻으리니
슬픔과 탄식이 달아나리로다

사 (35:10)

# 232

## 주께 구속된 자들이

사 35:10
예수전도단 번역

주께구속 된 자들이 돌아 오네 시온으
로 오 며노래 하네 — 그머리 위에영 영 한
기쁨을 쓰겠- 네 주께구속 네
즐거움 과 기쁨얻 고 - 눈
물- 근 심은 사라지 리 주께구속
된 자들이 돌아 오네 시온으 로 오 며노래
하네 — 그머리위에영 영 한 기쁨을쓰겠 네

sing!

# 233
## 가서 제자 삼으라

# 234
## 성령이여

마 28:16~
최용덕
갈-릴리 마을 그 숲속 에서--
주님 그 열 한제자 다시 만나시사--
마지 막 그 들에게 부탁 하시기 를-
너희 들은- 가라 저 세상으 로-
가서 제 자삼으 라 세상 많 은사람 들 을
세상 모 든영 혼이 네게 달렸나 니-
가서 제 자삼으 라 나의 길 을가르 치 라
내가 너 희와 항상 함께하-리 라-

♩ = 89
Brian Doerksen
성령이여 내영혼 에 넘치도 록 채워주소서
- 채워주 소서-- 주의사 랑
주의자비 간절하 게 기다리 오니-
채워주 소서-- 크신 자비
-로-내-죄-를- 씻으 소서- 순전 하신
-주의사-랑-을- 새롭게--- 간절히
원하네 주임재 하 심을 간절히
원하 네 주 님의 임재 하 심을
1st Time D.C
2st Time D.S
3st Time D.S.S

# 235
## 유월절 어린양의 피로

# 236
## 위엄의 주하나님

Martin J. Nystrom
& Rhonda Gunter Scelsi
예수전도단 번역
유월 절어린양 - 의피 로 나의 삶의문이 - 열렸
네 - 저 어둠의권 - 세는 힘이없네 주
보혈의 능 - 력으로 - - 원 수 가날 정죄할
때 - 도 난 의롭게설수있 네 - 난 더이상 정죄함
없 - 네 난 주보 혈아 - 래있네 - 난
주보 혈아 - 래있네 - 그 피로 내죄 - 사했 -
네 - 하 나 님의궁 휼날 거룩케 하시었
네 - 난 주보 혈아 - 래있네 - 난
원수의어 - 떠한 공격에도 더이상넘 어
지지않네 난 주보 혈아 - 래있네 - -

Stuart Townend
두란노 번역
위엄의주 하나 님 - 나주볼때 모 든 짐벗기셨
네 - 주말 씀 - 내발의등 불 - 주손들고
축복을 베푸시 네 주나의 모 든 것 하늘과
땅 - 을지으신 주 내마음 다 - 해주 이름
을 부릅니 다 - 경 배하 리 내생명
주 - 관하 - 시 고 죄와사 망 - 정복 - 하
신 주나의 왕 - 내모든 것 -

내가 애굽 땅을 칠 때에 그
피가 너희의 거하는 집에 있어서
너희를 위하여 표적이
될지라 내가 피를 볼 때에
너희를 넘어가리니 재앙이 너희에게 내려
멸하지 아니하리라

출 (12 : 13)

# 237
## 고요한 아침의 나라

사 60 : 1-3
고형원
고요 한아 침의 나라    길었던흑암의세 월
하나님 보우 하사    이 땅에 - 새날이 - 왔 네
주님이흘리신 보혈    생명의강으로흘 러
죽었던이땅살 리고    하 - 늘 - 은혜열 - 렸 네 -
고 요한 아침의 나라    주를위해 -    주를위해 -
흰 옷입은 주님의 백성    일어나라 -    일어나라 - 빛을
발하라 - 주의영 광네위에 - 임 하였으 니 빛을
발하라 - 열방에 빛비추라 - 너 의 주를 위 해 -

# 238
## 나는 주의 깃발든 군사

박정관
Dm　　　F　　　Gm　　3
나눈
우린 주의 깃발든군 사 존귀한 그이름새겨진
A7　　　Dm　　　F
깃발 들고 승리 하신 우리주의 개선 행 렬 그
A7　　　Dm　　　F　　　Gm
위에－휘날리 리 높이올 려서휘날리 리 그이름
A7　　　Dm　　　Bb　　　G
주의백 성모 두 소고치 며 나팔불 고 제금울
C　　　A7　　　Bb
리며 춤출 때 그이름 높 이－휘날
A　　　Dm/A　　　A7　　　Dm
리 리 그이름 예수 (예수) 예수 (예수) 예수 －

# 239
## 나는 주님을 찬양합니다

♩=126
Linda Duvall
Dm　　　Gm
나 는 주님을－ 찬 양합니다－
Asus　　A7　　Dm　　Dm　Gm
새 노 래로주를 찬 양 주 를
C Fmaj7 Bb　　A7　　Dm　　Gm
찬 양 새 노래로주를 찬양 주 를
C Fmaj7 Bb　　A7　　Dm　　Fine
찬 양 새 노 래로주를 찬 양
Dm　　　Gm
할 렐 루 야 할렐루야 할 렐 루 야
Em7sus A7　　Dm
할 렐루 할렐 루 야 할 렐루 야 할렐 루 야
Gm　　　Em7sus A7　　Dm　　D.S
할렐 루 야 할렐루야 할 렐루 할렐 루 야

여호와여 주의 행사로
나를 기쁘게 하셨으니 주의 손의
행사를 인하여 내가
높이 부르리이다
시 (92：4)

ABBA

# 240
## 다와서 주께 찬양드리며

Paul Wilber
두란노 번역

1. 다 와서 주 —께 찬 양-드리며 —— 크게
외 치세- 구원 의 반석을 향해 —
주께모 두 나와 감사 드 리며 —— 주의
이 름높 여찬양하 세 — — 찬양 할
렐 할 렐 루야- — 찬양 할 렌 할
렐 -루- 야 찬양할 렌 할 렐 루야-
— 찬양 할 렌할렐루 야 —

2. 다 무릎꿇 고 —— 주 경배해 — 우리
를 -지으신 주 —— 하 나 님 —
그 눈우리 주 —— 우 린 그의 - 백성

- 주님의 사랑 우릴 - 품으시 네——

# 241
## 샬루 샬롬 예루샬라엠

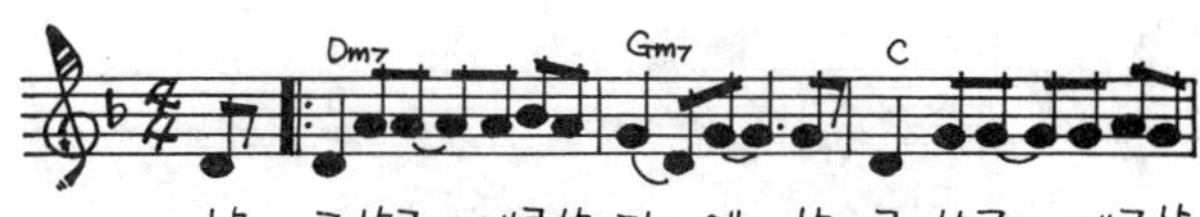

1. 샬 루샬롬-예루샬 라-엠- 샬 루 샬롬 -예루샬
2. 평안을- 너에게 끼치니- 곧 나 평안을 너에게
3. 내 가너에 -게주는 평안은- 세 상 주는 - 것같지

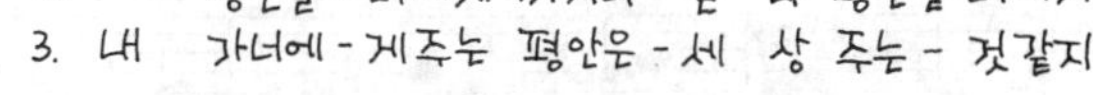

라 -엠- 샬 루 샬롬 -예루샬 라 -엠- 샬
주 노라- - 평 안을- 너에게 끼 치니- 곧
않 으리- 내 가 너에- 게주는 평 안은- 세

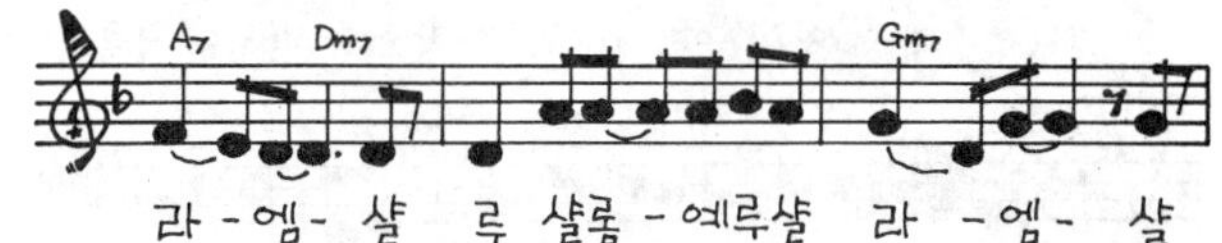

루 샬롬예루샬라- 엠 샬    루 샬롬예루샬라-
나 의평안을-주노 라 -    나 의 평안을-주노
상 과같지않- 으- 리 내    상 과 같 지않-으-

엠 샬 롬 샬 롬 샬 롬 샬 롬 샬
라
리

롬 샬 롬 -샬 루 샬롬예루샬라 -엠 샬 엠

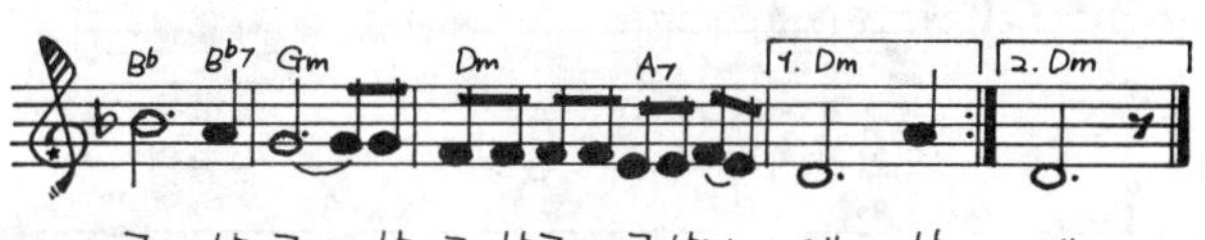

평안을 너희에게 끼치노니 곧 나의
평안을 너희에게 주노라
내가 너희에게 주는 것은 세상이
주는 것 같지 아니하니라
너희는 마음에 근심도 말고
두려워하지도 말라

요 (14 : 27)

# 242
## 이스라엘의 하나님

John Laudon
두란노 번역
이스라엘의- 하 나-님 날위 해죽 으신 주
하 나 님 의- 어린-양 예 수 평강의 왕 무릎꿇
고 경배하 리 주-께 짐은 만왕 의- 왕 무릎꿇
고 경배하 리 주-님 줄귀 하신 평강의 왕

# 244
## 예수를 깊이 생각하자

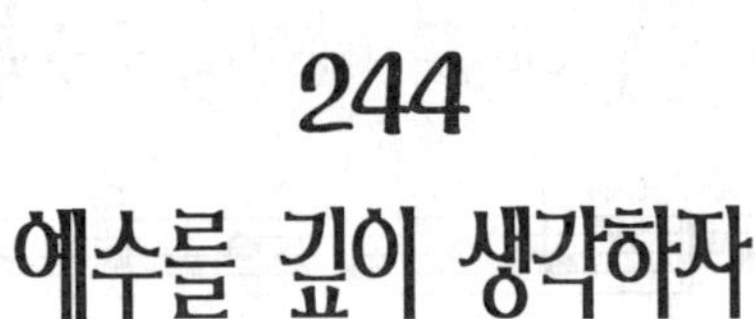

히 12:1-3
정종원
구름같이허다 - 한 예수의- 증인들 있으
우리앞에펼쳐 - 진 삶들은- 믿음의 경주
니      모든 무거운짐 얽매이기 쉬운죄를
니      인내로써모든 경주들을 힘써싸워
벗 어 버 리 라      믿음의- 본되신 예 수-
승리하여 라
십 자 가지신주 님 -      어려움 닥칠때
마 다- 예 수를 깊이 생각 하 자-

# 243
## 나 항상 주 송축하며

Stuart Dauermann
예수전도단 번역
1. 나      항 상주 송 축 하며 내
2. 여      호 와의 천 사 들이 주
임 술 주를 찬-양 내 영 혼 주를 자랑하-리
경 외 하는 자들을 악 에서 보호 하시리-로
라 — 곤 고 한 자- 가 듣고 — 크게
다 — 젊 은 사자 는 굶 주려도 - 우린
기 뻐 하-리-라 나 와 함께- 광 대 하신- 주찬
부 족 함-없-네 우 리 함께- 소 리 높여- 찬양
양      다함께 주 이름 높 이세 영원히 내
해
가 외치- 매 환난에서 나를건 지셨 -
네 다함께 주 이름 높 이세 영원히 오
광 대 하- 신 주를찬 - 양      해

이러므로 우리에게 구름같이 둘러싼
허다한 증인들이 있으니
모든 무거운 것과 얽매이기 쉬운 죄를
벗어버리고 인내로써 우리 앞에
당한 경주를 경주하며

히 (12:1)

# 245
# 휘장을 지나

Bruce Clewett
예수전도단, 다드림 공역

# 246
# 내 잔이 넘치나이다

I. Anderson

휘장을지나 담 대히 - 주님의보좌앞에
주께서뿌린씨로 맺은열매 - 향기로운 제물들
고 - 우리 입술의찬양드 리며 - 주님을 송축하
리 왕되신 주 - 님께 드리는 경 - 배향
기되 어울라가 네 - 마음 속에넘치는노래
부릅니다 - 두 손들 고소리높 여
축복 과존 - 귀 - 영광능 - 력 주께돌 려 기뻐 하
세 기뻐 하세 축복 과존 - 귀 -
영광능 - 력 주께돌 려 기뻐 하 세

나에게생수 부으시니 나에게생 수 부으시니
나에게 생 - 수 부으시 니 내잔이 넘치나이
다 - 내잔이 넘치나이 다
메마른사막 거친광야도 꽃 피고 즐거워하 네
저 넓은벌판 많은곡식들 주 솜씨 드러냈다 네
할렐 - 루야 할렐루 - 야 할 렐루 야할렐루 야
이 세상모 - 두 주 를알리니 내잔이넘치나이
만 백성모 - 두 기 뻐춤추니
할 렐 - 루 - 야 할 렐루 - 야
다 - 내잔이 넘치나이 다

나는 여호와를 인하여
즐거워하며
나의 구원의 하나님을 인하여
기뻐하리로다

합(3:18)

# 247
## 주 그이름 거룩

With awe
Tom Shirey
두란노 번역
Em7    Csus²    D
주 - 그이름 거룩    주 - 그이름
A  C D  Em7    Csus²    D
거룩 하신 주 거룩 하신 주 그는
A  C D  Em7    Cmaj7
거룩 하신 주 - 사랑해 요 - 그
D    A C D Em7
거룩한 - 이름 높여찬 양   주 - 사랑해
Cmaj7    D    A  Em7
요 - 그 거룩한 - 이름 높여찬 양

# 248
## GOD IS GOOD

Graham Kendrick
C    Em D Em    D    A    Em D Em
God is Good    소리쳐 노래해    God is Good
C    B    Em D Em    D    A
찬양하라    God is Good    의심 치않 - 네
Em D Em    D    Em    Fine
C
God is Good    진리 말    씀
Am    Em    B7
그 사랑을 생각 할 때 에 찬양 부르네 난 -
Em Bm Em B7 Am    Em
춤을 추네 은혜의보 좌로 담 대 히 나아
F#    Bsus    B    D·C
갈 길을 주셨 네    —

너희는
여호와를 영원히 의뢰하라
주 여호와는
영원한 반석이심이로다
사 (26:4)

Sing!

# 249
## 거룩하신 주님

Bruce Clewett
다드림 번역

거룩하신주님 만-군-의 여호와- 그
조귀

주님하신일-엔 불의가- 없 네 -
인자-하-심이 아 침마 다새로 워 늘

진-리를 지 키고-또 거-짓이 없으니-저
의-로우 시지만-또 자 비로우 신 주님

하늘- 도 주 께찬양하 네 -

거-룩오-거-룩 어제
조-귀오-조-귀

오 늘 영원변함 없 - 이 아

무 런흠도 없으신 주님의그이름 -

거룩 하신 주 -
조귀

# 250
## 전신갑주 입고

Jamie owens Cdlins
두란노 번역

1. 전신 갑주입고 - 그땅에 - 가리라- 전 쟁이주께- 속했네
2. 어 둠의권세 - 내게다 - 가올때-
3. 주 님의보혈 - 나를일 - 으키리-

- 그 아무것도 - 우릴해 - 치못해- 전
너의 적들 과만 - 날때두 - 려말라-
구 원이다가 - 온다담 - 대하라-

쟁이 주께 - 속했네 - 찬양 해 영 광

조 - 귀 주님의힘 - 과능력 - 찬양

영 광 조 - 귀 주님의힘 - 과능력 -

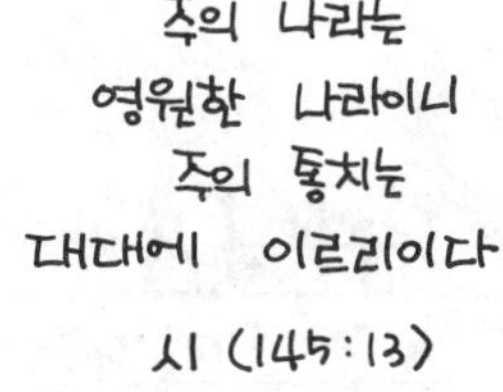

주의 나라는
영원한 나라이니
주의 통치는
대대에 이르리이다

시 (145:13)

251
우리 주의 성령이
Anonymous

Em    Em/B  B7  Em
1. 우리   주의 성령이 내게  임 하 여 주를
2. 우리   주의 성령이 내게  임 하 여 손뼉
3. 우리   주의 성령이 내게  임 하 여 소리
4. 우리   주의 성령이 내게  임 하 여 춤을

B7    1. Em    2. Em    Am
찬 양합니 다 우리  다 찬양  합 니다  찬양
치 며찬양합니 다 우리  다 손뼉 치 면서  손뼉
높 여찬양합니 다 우리  다 소리 높 여서  소리
추 며찬양합니 다 우리  다 춤을 추 면서  춤을

Em         B7        Em
합  니다 주를  찬  양합니  다     찬양
치  면서 주를  찬  양합니  다     손뼉
높  여서 주를  찬  양합니  다     소리
추  면서 주를  찬  양합니  다     춤을

Am        Em        B7        Em
합 니다 찬양 합  니다 주를  찬  양합니  다
치 면서 손뼉 치  면서 주를  찬  양합니  다
높 여서 소리 높  여서 주를  찬  양합니  다
추 면서 춤을 추  면서 주를  찬  양합니  다

252
져 높은 보좌에

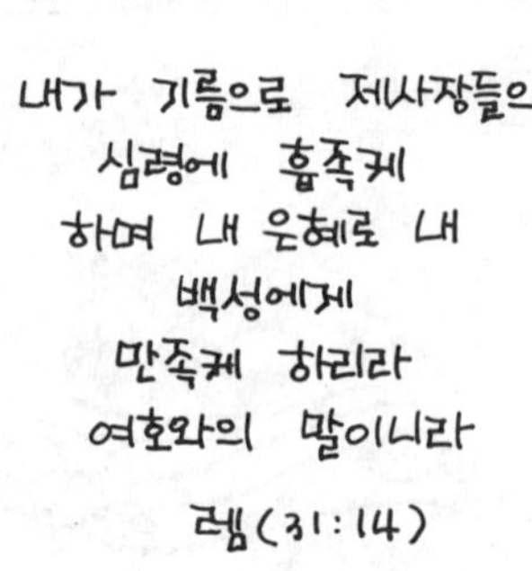
내가 기름으로 저사장들의
심령에 흡족케
하며 내 은혜로 내
백성에게
만족케 하리라
여호와의 말이니라

렘(31:14)

Austin Martin

Em        Am       D7        G  B7
저높 은보 좌 에      그 를앉히 사

Em        Am7      B7        Em E7
뛰 어난 이 름 지어주 신 하 나 님 모 두무

Am D7    Em        B7        Em E
를 꿇 고 엎 드 려외 치 세 예 수님

Am D7    Em        C6   F#   B7
나 의 주 영광 의 아들 예 수그리스도

Em        Am7      D7        G  B7
저높 은보 좌 에      그 를앉히 사

Em        Am7      B7        Em
뛰 어난 이 름 지어주 신 하나 님

# 253
## 우주 만물 창조하신

Graham Kendrick
두란노 번역

1. 우 주만물 창조 하신 하 나님 아 버지와
2. 능 력으로 교회위에 임 하신주 성령님
성 령으로 잉태하신 아 들을믿 사오며
진 리말씀 열 방중에 우 리를보 내시네
우 리죄 담 당하시고 십 자가 를 지신주
영 광중에 다시오사 이 세상 심 판할때
부 활하 사 승 천하신 주 님을믿 나 이
모 든백 성 주 님앞에 절 하며 고 백하
다 - 예 수만유 의 통치자—
리 - 예 수만유 의 통치자—
예 수 만유 의 통치 자—
예 수 만유 의 통치 자
- 뛰 어난 이 름 뛰 어난 이 름
- 뛰 어난 이 름 -

# 254
## 주의 사랑 주의 능력

Jude Del Hierro
예수전도단 번역

주의사랑- 주의능력- 더욱부-어주소 서
내삶가득- 주님으로- 더욱채-워주소 서
주 경배합니 다 - 내마음다해 -- 주 경배합니
다 - 내뜻을다해 — 주경배합니 다 - 내힘을다-
해 -오 나의주님 - 나의-주 님

# 255
## 왕의 왕과 주의 주께

Naomi batya and
Sophie Conty
예수전도단 번역

♩ = 80 to 120

왕의왕과 주 의-주께 영광 할 렐루야
왕 의왕과 주 의-주께 영광 할 렐루야
예 수 평강의왕께 영광 할 렐루 야
예 수 평강의왕께 영광 할 렐루 야

## 256
# 주 나의 은신처

시 32:7
M. Lender
Am  C/D  Dm7  Gsus4  G  F/C  Cmaj7  Dm7
주나의 은신처  날 보호 하시며 또
F²  C/D  Dm  Esus4  E  D/E  E
구 원의 노 래로 날 에우시 리로 다 주를 의 지
Am  Fine  Dm7  G³sus  Cmaj7  C  C/E
해  주를 의 지 해  오직 그 능
F  Am/E  Dm  Esus4  E  D.C.
력 으 로 살기 원 합니 다

## 257
# 하나님 우리와 함께 하시네

예수전도단 번역
Am  G  F  E7  Am  E7  Am
하 나님우리와 함께하시오니 주를 찬양하 세
Am  G  F  E7  Am  E7  Am
우 리가 모일때 임하시는 주님 주를 찬양하 세
Dm  Am  E7  Am
찬 양 찬 - 양 주를 찬양하 세
Dm  Am  E7  Am
찬 양 찬 - 양 주를 찬양하 세

## 258
# 기뻐하라 시온의 딸

♩=152
David Loden
두란노 번역
E7  Am  G  Dm
기 뻐하라 시온의-딸 크 게외쳐라 이 스라엘--
E7  Am  Fmaj7  Dm7  E7  Am, Dm Am
찬 양하라 온 맘으-로 오 예루 살 - 렘
Fine
Dm  E  Dm7  E
1. 우 리죄용 서 하신주-님 원수멸하 셨 네
2. 너 의가운 데 함께하시는 능 -력의 주 님
Am  G  Fmaj7  Dm  D.C. al Fine
이 스라엘의왕 만 유의-주 우 리가운데 함 께하시네
너 로 인하여 기 뻐하시며 즐 거운노래 부 르시-리

PRAISE

주는 나의
은신처이오니
환난에서 나를 보호하시고
구원의 노래로
나를 에우시리이다 (셀라)

시 (32:7)

# 259
# 파송의 노래

수 1:9
요 16:33
고형원
너의 가는길-에주의평-강 있으라- 평강 의왕함께가-시
니 너의 걸음 걸음 주 인도하-시리 주의
강한- 손녕이고-시 리 너의 가 는길-에주의축-복
있으리- 영광 의 주 함께가-시 니 네가
밟는모든땅- 주 님다스-리 리 - 너는
주 의-길예비케-되 리 - 주 님나라워-하
여 길떠 나는 나의형-제 여
주 께서가라-시 니 너는 가라 주의이름으로
- 거칠 은광야위에- 꽃 은 피어나고- 세상
은네안에서- 주님의 영광보리라- 강하고 - 담대하
라 세상 이기 신주 늘함 -께- 너와 동행- 하시
며 네게 새힘 늘- 주시 리 -

이것을 너희에게 이름은 너희로 네 안에서
평안을 누리게 하려함이라 세상에서는 너희가 환난을
당하나 담대하라 내가 세상을
이기었노라 하시니라

요 ( 16 : 33 )

# 260
## 주의 이름을

주의이름을 나는 찬양하리 라
온땅위에 서 가장 높으신이름 - 름
주님을 찬양하리 라 내맘을다 해
주님을 찬양하리 라 온정성다 해 -

# 261
## 내 구주 예수님

Darlene Zschech
두란노 번역

내구주 예수님 주같은분-없-네
- 내평생에 - 찬양하리 - 놀라운주의
사 랑 을 위로자 되시며
피난 처되-신주님 - 나의영혼 - 온맘다해
- 주를 경배 합 니 다
온땅이여 -주님께- 외쳐라- 능력 과위-엄의왕
- 되신주- 산과 바다-소리쳐 - 주의- 이름
을 - 높이 리 - 주행한일- 기쁘노
- 래하며- 영 원히 주님-을 사랑 -하리라-
신실 하신-주의약 -속 나반-았네 - - -

# 262
## 예수 예수 예수

Chris A. Bowater
두란노 번역

예-수 예-수 예 - 수 내
맘 을 녹이 셨 네 -
예-수 예-수 예 - 수 내
맘 을 녹이 셨 네 -

# 263
## 담대하라

송정미

담 대 하 라 하나 님의군 사들-아 하 나님승리하신
싸-움 에서 하 나님의 말씀 으로나아갈- 때 하
나님 너의앞서 싸우 시리라 - 두손들어 승 리하 신
하 나님 찬양 정 의위해 싸우시 는 하나님 찬 양
이 제부터이루실일 바 라보 아라 그 는우리위하 여
싸우 시는 자 우리하나님 - 우리위 하여 ——
싸우 시 는 자 라

# 264
## 참 기쁜 노래

백승남

우리함께 만 - 나 눈 - 기쁜 찬양 의시 간 사랑
의목 소리 들려오 는 -여기 귀기울여봐 - 요 -
빛나는눈 맑은미 소- 로우리 만날 때마 다 사랑
스 - 럽게- 무르 익어가는 - 음 - 찬양의- 열 매
하늘문이 열리고- 마음 문이열리 는 —— 이씨간
참기쁜노 래 - 를- 우리 함께 나눠 요

# ▪축복과 평안 ▪

어느 때나 하나님을 본 사람이 없으되
만일 우리가 서로 사랑하면 하나님이 우리 안에 거하시고
그의 사랑이 우리 안에 온전히 이루느니라(요한일서 4 : 12)

# 265
## 사랑하며

최인혁
세-상에- 소중하고- 귀 한 것 너무 많 지만-
세-상에- 아름답고- 귀 한 것 너무 많 지만-
주 님께서- 보내신 당- 신은- 정말 노 중 하 고 귀
주 님께서- 만드신 당- 신은- 정말 아 름 답 고 귀
-해요 -해요 저 하늘에 별 들 보다- 들에
핀 꽃들 보 다 저하늘 에 빛 나 는 태
-양 보다-더-욱 아 름 답 고귀 -해요 - 나는
당 신을- 당 신을- 영 원 한 주 의
사 랑으로- 사랑 하며- 사랑 하며- 사랑
하며- - 살- 겠어요- -

# 266
## 왕국과 소명

우리의 만남은 주 님의은헤라 오
우리의 모든 것 주 여인도하소서
우리의 모임 은 주님의축복이라 오 우리는
우리의 모든 것 주 님께바치옵니다 오나의
하 나님 영광 위해 지 음받았으 니 우리를
하 나님 아버지 여 당 신의 뜻대 로 오나의
하 나님 나라 위 해 충 성되게하소 서 오
하 나님 아버 지 여 따 라살게하소 서
주 여나의 소 명 항 상인도하소 서 오
주 여우리 소 명 항 상인도하소 서

# 268
## 복있는 사람은

시 1
저 눈시 냇가에 심 은나 무 라
시 절 을좇아 과 실을 맺 으며
그 잎 사귀가 마 르지않 음같이
그 행 사가다 형 통하 리로다

# 267
## 시편 133편

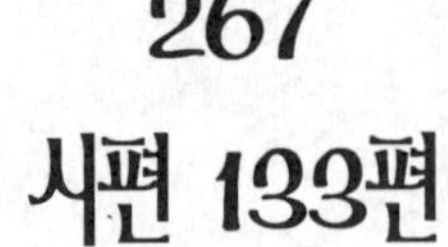

유인철 사
유주환 곡

우리 가 하나되 어 함께 함이
- 어찌 그리 - 선 하고아름다 운 지요 -
- 우리 가 서 로 감싸며 사 랑한 다면 - 약속됨
낮추며 용 서한 다면
축 복이-임 하시-리 라 - 우리 하-시-리
라 - 향기 롯 -기름이 흘 러흘 러 축 복의이슬
이 - 시온을 적시며- 차 고 -넘 치네 --
- 우리 눈 -하나님 의형상- 귀 하고 - 아름다
운 -영원히 아름다운-시 온 의생명이 라 -

저는 시냇가에 심은 나무가
시절을 좇아 과실을
맺으며 그 잎사귀가 마르지
아니함 같으니

시(1:3)

# 269
## 아름답게 하리라

# 270
## 주의 사랑 안에서

곽상엽
D  A/C#  Bm
지금 우리 가- 주님안에하나 가 되어-
Bm7/A  G  Em
- 바로 주님 이- 원하시는뜻 대
Asus4  A7  F#m  Am/F#
-로- - 주님의 크 신영광- 높이 는
G  Gm  D  Dmaj7  Em/A  A7
노래 가되어- 온세 상을- 아름 답게 하-리라
D  1. G/D A/D  2. D7  Gmaj7
- - 지금 - 우리 모 두가
A  F#m  Bm7  Em7
- 주를 노 -래하는 - 아름 다운-
A  D  Dmaj7 D7  Gmaj7
소 리- 로 하나 가되어 - 바로 이 곳
A  F#m  Bm7  G
을 더욱 아 름답 게 아름답
A  D  G/D  D
게 하 리라 - -

김성조
D  Em/D  A7
주의 사랑안 에서-우리는 - 모두 다 한 가족이죠
D  C  B7  G  Em7
- 날마 다 -사 랑을 나 누는- 그런
D/A  E7  Asus4 A  D
삶을- 살아보아요 - 주의 사랑안 에서- 우리는
Em7  A  A  C  B7
- 모두 다 한 마음이죠 - 날마 다 -사 랑이
G  Em  D/A  A7  D C/D  D7
넘 치는- 사랑 의 샘이되어 요  우리  Fine
G  Em  F#m Bm  Em  A7
모 두다- 손에손을 잡 고 주의사랑- 나누어요
D C/D D7  G  Em  F#m  B
- 서로 를 용서하고 사랑나눌때
E7  E/G#  Asus4  A  D.S.
세 상은아름 다와요 - - 주의

## 271
# 셔로 용납하라

롬 15:7.6.
예수전도단 번역
서 로용납하 라 주 너 를용납함 같이
서 로용납하 라 주 너 를용납 함 같이
우리 모두하나되어 주하나님아버지께 영광돌려드 리
세 서 로용납하 라 주 님 하신대 로주
님 하신대 - 로서 로 용납하 - 여 라

## 272
# 형제와 함께 사는 것

딤후 2:25
이운수 번역
형 제 와 함께사 - 는 것 그
것 은아름다 - 운 것 ─── 우리 들은 한가족 - 예
수안 에서한가족 - 당신 을 사 랑 해

## 274
# 헤어짐 속에서

## 273
# 갈릴리 호숫가에서

1. 갈릴 리 호수 가 에 서 -
2. 사마 리아 우물 가 에 서 -
주님 은 시무 여인에 게 물으셨네 -
사랑 하 는시무 아 넌날 사 랑하느 냐
오 주 님 당신만 이 아십니 다 -

로뎀나무 이 명남
하나 님앞에서 - 생활 할때 - 많은 만남과 헤어짐
그동 안정들었던 모든 사람 - 다시 만나기 힘들어
이 나에 게 - 추역으로 다가와 - 많은 그리움 - 안겨주 네
도 그러 나 - 소 - 망이 있어요 - 다시
만날 - 그소망 이 우리 생활이 - 떨어져 있어도 - 우리
마음은 - 늘함께 있어요 주님 안에서 - 다시 만날
그날까지 - 항상 진실하게 살아가 요

## 275
# 이날은 이날은

이날-은 이날-은 주의 지으신 주의 날일세
나의 모든 죄 사함 받은 날
우리 주님 이 부활 하신 날
성령 님께서 임하 시던 날
기뻐하고 기뻐 하며 즐거 워 하세 즐거 워하세
이날 은 주 의-날 일-세 기뻐 하고 즐거 워하-세
이날-은 이날-은 주의 날일 세

## 277
# 하나님은 우리를

시 67 : 1.2
김진호
하나님은 우리 를 긍휼히 여기 사
우 리에게 큰복 을 쏟 아주 시-네
그 얼굴빛 으로 — 우리에게 비추 사 —
주 님의구원을 온 세계에 알 리소-서

## 276
# 하나님은 너를 지키시는 자

시 121
정성실
하나 님은 너를지키 시 는 자 너의 우 편에 그늘
되-시니-낮의 해와 밤의달- 도 너를
해치 못하리 — 하나 님 은 너를지키 시 는 자너의
환란을 면케 하-시니- 그가 너를 지키시리 라 너의
출입을 지키시리 라 눈을 들어 산을 보 아라 너의
도움 어디 서오나 천지 지으신 너를

만드 신 여 호와께 로- 다

## 278
# 사랑의 나눔
사 랑의 나 눔 있 는 곳 에
하 나님께 서 계시도 — 다

## 279
## 주의 사랑으로 사랑합니다

F
주의 사랑으로 사랑합니 다 주의
C7
사랑으로 사랑합니 다 형제 자매 안에서 주의
F    Bb    C7    F
영광을 보네 주의 사랑 으로사랑합니 다

## 281
## 주님의 그사랑이

류주숙 곡
G    D    Em    C    Am    D
주님의 그 사랑이 늘 함께 있으라
Bm    Em    C    Am    D    D+
주님의 그 은총이 항상 풍성 하여라
G    B7    Em    C    E    Am
주님의 참 소망이 언제나 넘쳐라
D    G    C    D7    Gsus4    G
주님의 그 기쁨이영원히 네게 있으라

너희가 서로 사랑하면
이로써 모든 사람이
너희가 내 제자인줄 알리라
요 (13:35)

## 280
## 사랑송

F    F/E    Dm    Bb    C
주 님께 서 주시는 그 사 랑 으로 -
F    F/F#    Gm    C7
당 신을 사 랑합니 다 -
F    F/E    Dm    Bb    C
주 님께 서 주시는 그 축 복 으로 -
F    F/F#    Gm    C7    F    F7
당 신을 축 복합니 다 - 형제의
Bb    C7    F    Am/E    Dm
삶 속에 주 영광 나 타날때 에 주님의
Gm    C7+9    F    F#dim
나 라가 임 하 리 - 자매의
Gm    C    F    A7/E    Dm
삶 속에 주 사랑 나 타날때 에 주님의
Gm    C    F
구 원이 임 하 리 -

## 282
## 아버지여 우리는

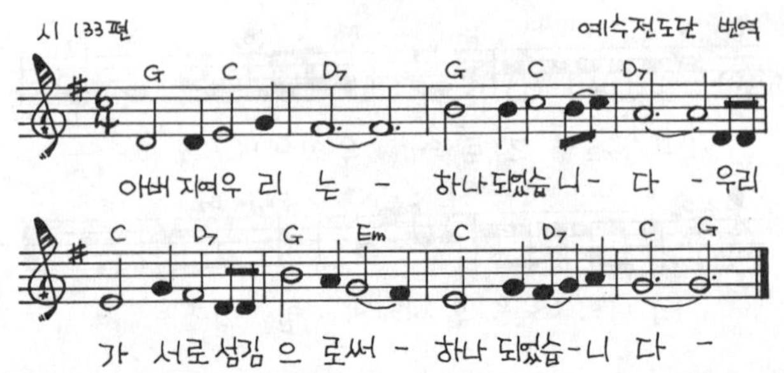

시 133편    예수전도단 번역
G    C    D7    G    C    D7
아버 지여우 리 는 - 하나되었습니 다 - 우리
C    D7    G    Em    C    D7    C    G
가 서로섬김 으 로써 - 하나 되었습 -니 다 -

# 283
## 사랑합니다

G D -7
사랑 합니다- 형제 님 사랑
Am G
합니다- 자매 님 우리
C G
모두 한마음- 한뜻 으로 주의
D -7 G
나 라이 루어 요

# 284
## 하나님의 큰 사랑이

최덕신
G G7 Am C D D7 G
하나님 의큰 사 랑이 넘치눈이 날 에
G G7 Am C D D7 G
우리의친구주 셨으니 감 사 합니 다
G7 C D G B7 Em
축하 해요 여러 분 만남을 축하해 요
G7 C D G E A D7
오늘 은 주님께 서 당신 에게주신 날
G G7 Am C D D7 G
하나님 의큰 사 랑이 넘치눈이, 날 에
G G7 Am D D7 G
우리의친구주 셨으니 감 사 합니 다

# 285
## 모든 일이 끝나고

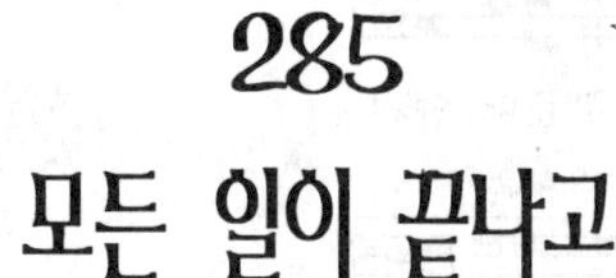

백승남
A9 Bm7 A9/c# D Bm7 Esus4
모든일이- 끝나고 시작될때 주께기- 도 해
주께감- 사 해
A C#7 F#7 Bm7 E7 A9
주님안에- 우리가 하나되- 어 주께기- 도 해
주께감- 사 해
A9 Bm7 A9/c# D Bm7 Esus4
모든일이- 끝나고 시작될때 주를찬- 송 해
주께맡- 기 세
A C#7 F#7 Bm7 E7 A9
주님안에- 우리가 하나되- 어 주를찬- 송 해
주께맡- 기 세

내가 너를 보배롭고
존귀하게 여기고 너를 사랑하였은즉
내가 사람들을 주어 너를
바꾸며 백성들로
네 생명을 대신하리니

사 (43:4)

# 286
## 주만 바라볼찌라

# ▪ 특별 찬양 ▪

땅의 모든 끝이 여호와를 기억하고 돌아오며
열방의 모든 족속이 주의 앞에 경배하리니
나라는 여호와의 것이요 여호와는
열방의 주재심이로다(시편 22편 27절, 28절)

# 287
# 꿈이 있는 자유

정종원
나 비록- 힘이 들 고- 어려 움이 닥쳐도
- 용기와 - 소망을 - 주는꿈 - 이 있 -다 오
- 여 기 - 이 순 간 까지 - 나를
붙 잡아 - 주 고 - 끝없는 - 행복을
- 주는 - 꿈 이 있 는 - 자유 -
어떤 시 련과 - 고 통 이 몰려와 도
- 나는 이길수 - 있 어 - 주 님 이 꿈으신
그 꿈을 - 나 는 굳게믿 고 주 님이 만드실
세 상을 - 나는 그 려 가 - 며 - 항상
- - 생 - 각하네 - - 나

# 288
## 나의 사랑이 되시는 주여

정 지홍
나의 사 랑이 - 되시는 주 - 여 - 나의
기 쁨이 - 되시는 주 - 여 - 크신 권 능을 - 나타내
시 - 어 - 나의 영 - 을 - 다스리 소 서 온땅
위 에 - 왕되신 주 - 여 - 이세 상 에 - 참빛되신
주 - 여 - 엎드 리 어 - 간구하 오 - 니 - 내게
당신뜻을 가르 치소 서 내 입 술이 - 당신을
찬양 하며 나의 온 몸이 - 당신께 향 하니 나의
찬 양을 - 받으시 고 - 나의 온 몸을 - 이끄소
서 나의 주 - 여 - 나의 왕이여 -
새 롭게 하 - 소 서 - 나의 주 - 여 - 나의
왕이여 - 새 롭게 하 - 소 서 -

# 289
# 내게 음악 주신 분

이유정

내게음악주신분 - 이기쁨의노래 - 주님이주신
모두모여부르자 - 이기쁨의노래 - 주님이주신

선물 - 높은하늘과 - 푸르 른 저나무 - 모두 나의
선물 - 맑은하늘과 - 지저 귀는새들 - 모두 나의

노래 내게음악주신분 - 이사랑의노래 - 주님이주신
노래 모두모여부르자 - 이사랑의노래 - 주님이주신

선물 주님의사랑 - 그이 름의비밀 - 모두 나의
선물 주님의백성 - 그나 라의소망 - 모두 우리

찬양
찬양 할 렐루야 찬 양을 드리자 -

나의영혼을다해
우리영혼을다해 찬 양할 렐루야 찬 양을 드리자 -

나의영혼을다해 찬 양
우리영혼을다해 찬 양 내게음악주 신분

- 영혼깊은 곳 흘러 나는 그 사 랑을 - 그기쁨을 - 그

생명을 - 다 찬 - 양 해

# 290

# 볼찌어다

김지현

1. 볼 - 찌 - 어다 내가 문 밖에서서 두 드리노 니
2. 볼 - 찌 - 어다 그의 음 성을 듣고 맘 문열 - 라
볼 - 찌 - 어다 내가 문 밖에서서 두 드리노 니 -
볼 - 찌 - 어다 그의 음 성을 듣고 맘 문열 - 라 -
누 구둔지 내음성 듣고 - 문 을열 - 면
주 의크신 사랑을 믿고 - 문 을열 - 면 —
누 구둔지 내 음성 듣 - 고 문 을열 - 면 - 내가
주 의크신사 랑을 믿 - 고 문 을열 - 면 - 나의
들 어가 그로 더불어 먹 - 고 그는 나로 더불어 살 -
하 나님 생명의 반석 되시니 나와 항상 함께하 시 -
리 - 내가 들 어가 그로 더불어 먹 - 고
리 - 나의 하나님 생명의반석 되시니
그는 나로 더불어살 리 나와 항상 함께 하시
리 - 나의 하나님 생명의반석 되시니
나와 항상 함께하시 - 리 - 나의 하나님 생명의반석
되 시니 나와 항상 함께하시 리
나와 항상 함께하시 리

# 291
## 사람들에게

최인혁
세상 슬픔에 - - 시달 린 많은 사 람
들 - 그들 에게 ── 무 슨 말로 위로
를 할수 있을 까 슬픔과괴 로 움에
지친사 람 들 - 그들에게-- -무 슨 말로 참
평안을 - 전할수있을 까 사람의어떤말 로도
- -그들 의 아 픔위로할 -수 없고-
세상의어떤것 으로 -도- - 그들
에게 ── 참됨평안 전할수 없 네 - 오직
예수- 예수 -예 수의이 름으 -로 - 그들
의 영혼을 구할 수 있으며- 오직 예수 - 예수 -예
수의 사랑으 - 로 -그들 에게 -영원한위로가 -되 리

# 292
## 아기예수를 보고

노기동
♩=63
1. 양을 치는 목자들에게 한밤 중에 천사나타
2. 별을 보는 박사들에게 한밤 중에 별이나타
나 아기 예수 탄생하-신- 기쁜 소식 전해주었
나 구주 예수 탄생하-신- 복된 소식 알려주었
네 기쁜소-식듣고 목자들-은 서로 다
네 복된소-식듣고 박사들-은 서로 낙
투-어달려 갔네 아기 예수나신- 베들
타-로달려 갔네 구주 예수나신- 베들
레헴으로- 달 렸네- 마 굿-간에 -서
레헴으로- 달 렸네- 마 라아픔에 -서
- 아기예수 -를 보고 - 그들 은 모두
- 아기예수 -를 보고 - 그들 은 꿇어
- 경배 했네 - 꼴 위에자 -는
- 절하 였네 - 구 유에누 -신
- 아 기 예수 -를 보고 - 그들
- 아 기 예수 -를 보고 - 그들
은 기뻐 - 찬양 했네 - -
은 예물 - 을드 렸네 - -

# 293
# 여호와는 나의 목자시니

시편 23편
최덕신 곡
여호 와 는 나의 목자 시 니 내가 부족함
이 없으리 로 - 다 그가 나 를
푸른 초 장 - 에 누이 시 며 쉴만한 물가으 로인
도 하시는 도 - 다 - 내 영혼 소 - 생 시
키시 고 자기이름 위하여 의 - 의 길 - 로 인
도하시는도 다 - 내가 사 망의 - 음침한
골짜기 - 다닐찌 라 - 도 - 해를두려 워않음은 주께
서 나와 함께 - 하 - 심이 라 -
나의 평생 - 에 선 하 심 과 인 자 하
심 - 이 나를따 르리니 내가여 호 와집에
영원토 록 거하리 로 - 다 알 렐루
알 렐루 - 야 - - - 아 -
멘 - 아 - - 멘 -
아 - - 멘 아 - - - 멘 아
- 멘 - 아 - 멘 -

여호와는 나의 목자시니
내가 부족함이
없으리로다

시 (23:1)

# 294
# 예수 그분은

·작사·곡 천민찬
예-수- 그분은 누구신-가 예-수- 그분은누구신-가
예-수- 그분은 누구신-가 예-수- 오
-예-수 — 그분은- 그분은- - 예-
수 그분은누구신가 - 예-수 그분은 누구신가
- 그는 주 그는 주 그는 왕 — 그는
왕 — 예-수 그분은 누구신가 - 예수
수 그분은누구신가 - 그는 주 그는 주 그는
왕 — 그는 왕 — 살아 계신주- 살아 계신왕-

할 렐루야 할 렐 루 야 내가주-를 찬 - 양하리
-내입술- 로주를찬양하리 —— 호산 나 —
할렐루-야우-우 -내가주-를 찬 - 양하리 —
그는 주 그는 왕 그는
우 리예수 —— 찬양하 -라 호산 나
— 오 — 그는 주 그는
왕 그는 주 그는 왕

믿음의 주요 또 온전케 하시는 이인
예수를 바라보자 저는 그 앞에
있는 즐거움을 위하여
십자가를 참으사 부끄러움을 개의치
아니하시더니 하나님 보좌 우편에
앉으셨느니라
히 (12 : 2)

# 295
## 그이름

송 명희사
최덕신 곡
예수 - '-그 이름 - 나 는
마음에 - 새겨진 이 - 름 은 - 아 름 - 다
- 말할수 없 네 - 그 이름 - 속에있는
운 보 석 - 내 게 있는 - 귀한비
비 밀 을 그 이름 - 속에있는 사 랑을
밀이라 - - 내 마음에 - 숨겨진 기 쁨
- 그 사랑을 - 말할수 없 어서 - 그
- 예 수 - 오 - 그 이 름 - 나
풍 부함 - 표현못 해 서 - 비 밀이
는 말할 수 없 네 - - 그 이 -름의 비 밀
- 되었네 그 이 름 비밀이 - 되-었
을 - - 그 이 -름의 사 랑 을 -
네 - 사 람들 그 -이름 건 축자
의 - 버린 돌 처럼버 려 진 만 - 내
사랑은 여기 있으니 우리가 하나님을 사랑한
것이 아니요 오직 하나님이 우리를 사랑하사 우리
죄를 위하여 화목제로 그 아들을
보내셨음이니라
요일 (4:10)

# 296
# 귀한 이름 예수

노 기동
♩=63
1. 예수 나의 주님 세상에서 가장 귀한
2. 예수 나의 주님 사람들의 비밀이 된
이름 오- 예-수- 나-의 생명-
이름 오- 예-수- 나-의 기쁨-
예수 나를 구원하시려 사람의 몸을 입으
예수 나를 섬기기위해 자기를 친히 낮추
시고 이- 세상에- 태-어나신- 예-
시고 종- 의형상- 덧-입으신- 예-
수 예수 나의 주님 사람에게 비밀
수 예수 나의 주님 하나님의 지혜
이된 이름 오- 예-수- 나-의 소
이신 이름 오- 예-수- 나-의 찬
망 예수 내게영생주시려 십자가
송 예수 내게평화주시려 모두고
에 매-달려 그리스도- 귀
통 담당 하신 그리스도- 귀
-한이름- 예 수 수
예수 내게평화주시려 모두고
통 담당 하신 그리스도- 귀
-한이름- 예 수-

저가 빛 가운데 계신 것 같이 우리도 빛 가운데
행하면 우리가 서로 사귐이 있고 그 아들 예수의 피가
우리를 모든 죄에서 깨끗하게 하실 것이요
요일 (1:7)

# 297
# 모든 것 되시는 주님

백 승남
예수님은 나의 모든것 되시어
신 그이름 영광과찬송 주님께 모두
늘 바른길로 오직한길로 인도하시네
모두드리리 놀라운 예
예수님은 나의 모든것되시어
수 그이름 영 광과찬송
가 르치시며 서로나누라 말씀하시
주님께 모두 모두드리리
네 우리 모두다주 찬양
리 모두 모두 드리리
사랑나누며 크고 작은만물들 아 다
주께 드리리
주께 찬양해 모든것되

내가 낙헌제로 주께 제사하리이다
여호와여 주의 이름에 감사하오리니 주의 이름이
선하심이니이다
시 (54 : 6)

# 298
# 왕께 찬양해

· Liberamente
(♩ = Ca. 120)
작사·곡 Gray Parette
1. 왕 만 — 왕의 왕 주 평 — 화의 주
2. 죄 가 - 득 찬 세 상 날 삼 - 키려 하 나
빛 온 - 세상의 빛 만물을 지으 신 주 - 를 찬양
주 나 - 를 위하 여 죄악을 이겼 네 승전가 울리
해
세 오오 해와달도 - 주를 찬양하네 - 들의
나무 들도 - 손 뼉 쳐 산과 언덕들도 - 왕께 경배하네 -
찬양 찬 - 양하라 - 왕 께 찬 - 양 해
우리가 잠 — 잠 할지라도 - 찬양은 울 - 리 리
라 저 바위들도 - 영광 선포하네 - 주 앞에 모두
— 나 와 왕 께 찬 - 양 해
왕 만 — 왕의 왕 주 평 — 화의
주 빛 온 - 세상의 빛 만물을 지으
신 주 - 를 찬양 해 오오 해와달도 - 주를
찬양하네 - 들의 나무 들도 - 손 뼉 쳐 산과
언덕들도 - 왕께 경배하네 - 찬양 찬 - 양 하라
— 찬양 찬 - 양하라 - 찬양 찬 - 양 하 -
라 왕 - 께 찬양 해 —

하나님이여 주의 생각이 내게
어찌 그리 보배로우신지요 그 수가 어찌
그리 많은지요 내가 세려고
할지라도 그 수가
모래보다 많도소이다 내가 깰 때에도
오히려 주와 함께 있나이다

시 (139 : 17. 18)

# 299
# 하연이에게

한웅재

우 리가 - 간직 -해야할- 소 중한것있-다 면
자신을가 - 꿔가고 - 우 리를사랑 - 하신그
비밀을발 - 견하고 - 그 소중한꿈 - 안에내
내 삶을- 누군 -가에게- 나
봄을믿 -으 며 - 외
삶을이 -루 며 - 삶에
뉘줄수있 -는것 - 약 하고- 어리
로운 사 -람들 - 품에 안아줄수 - 있 도록
지친 사 -람들 - 찾 - 아와쉬어 - 가도록
석은- 나 자신을본 -다해도 -
우리 맘속 - 에 소 중한것 -을 간
우리 맘속 - 에누 군 가의자 -리 남
그 모습- 그대 -로를- 사 랑할수있 -으 며
직하며살 -아요 - 겨두며살 -아 요
비 교하기보 -다 누 - 나
내 안에-숨 -겨진 - 큰
사 랑하며살 -아 요 -

또 새 영을 너희 속에 두고 새 마음을 너희에게 주되
너희 육신에서 굳은 마음을 제하고 부드러운
마음을 줄 것이며

겔 (36:26)

# 300
# 주님만을 사랑합니다

Karen Baty
주의얼 굴 - 바라봅 니다 주님음 성 - 듣게하소
서 내맘속 에 - 울리는 기도 주님만 을 - 사랑합니
다 나의맘 이 - 심히괴 롭고 아무것 도 - 볼수없을
때 나의믿 음 - 지켜주 소서 - 주님만 을 사랑합니
다 아픔과 고 - 통이와 도 내생명 주 - 께드리
리 성실하 신 - 주손으 로 나를붙 드소 서
- 나의맘 이 - 방 - 황 하며 나의욕 심 - 이헛되
고 모든것 이 - 사라져 가도 주님만 을 - 사랑합니
다 사랑합니 다 -

# 301
# 나 누구이기에

시 H.S. Rice
곡 노기돈
♩=63

크 고 작 - 우 만 물 속 - 에   하나님 의 손 - 길 드 러
당 신 의 섭 리 다 - 이 룩   시 - 니 -
내 - 니 -   어 디 서 나 무 엇 이 - 나
죄 없 으 신 - 그 아 들   달 리 신 - 십 자 가 로 -
끝 없 이 오 묘 하 - 신 솜 씨 -
나 의 구 원 얻 게 하 셨 는 가   죄 인 들 깨 끗 함 얻 게
온 갖 사 랑 스 런 모 습 으 - 로   소 리 로 땅 과 하 - 늘 의
하 시 어 -   나 같 은 자   하 나 님 의 자 녀
하 나 님 을 - 선 포 하 - 는   봄 의 숲 한 기 적 속 에
삼 으 시 - 니 - 저 - 하 늘   본 향 의 - 영 생
서   혼 자 묻 느 니 나 누 구 이 기 에 -
내 리 시 려 고 - 예 수 고 난 당 하 셨 는 가
하 나 님 - 은 외 아 들 - 을   보 내 시 어 -

나 여호와가 너를 항상 인도하여 마른 곳에서도
네 영혼을 만족케 하며 네 뼈를 견고케 하리니 너는
물댄 동산 같겠고 물이 끊어지지 아니하는 샘
같을 것이라
사 (58 : 11 )

# 302

# 내일 일은 내일 염려하라

작사.곡 이성균
내일일-은 - 내일염려하라 -
한날괴로움은 그날-에- 그날에족-하-니
피곤한하루 - 힘겹게지나 가 - 고 -
또다른날이 하얗-게 - 다가서는데
번잡한생각 - 생각이너무 많 -아-
내마음뒤척 -이-며- 쉬지못할때 -
따뜻한그손내 -려-와- 젖은내이마쓰- 다듬고-이제는
- 그만쉬-라-고- 다정히토닥 여주-네-
내일일-은 - 내일염려하라 -
한날괴로움은 그날-에- 그날에족-하-니-
내일일-은 - 내일염려하라 -
한날괴로움은 그날-에- 그날에족-하-니-
16마디 간주
2nd Time
To

그는 곤고한 자의 곤고를 멸시하거나 싫어하지 아니하시며
그 얼굴을 저에게서 숨기지 아니하시고 부르짖을
때에 들으셨도다
시 (22:24)

# 303

# 물고기가 살 수 있도록

하나님께서는 - 우리들에게 - 아름다운 하늘 - 을
하나님께서는 - 우리들에게 - 맑은 파란 - 물 - 을
주 - 셨지만 - 우리들의 하늘은 - 매 - 연으로 -
주 - 셨지만 - 우리들의 강물은 - (온갖) 폐 - 수 - 로 -
매일 어두워 갔 - 죠 -
매일 오염 됐 갔 - 죠 - 하나님께서는 -
우 리들에 - 게 - 아름다운 자 - 연 - 을 주 - 셨지만 -
우리들의 자연은 - 온갖 욕심으로 매일 파괴 됐 갔
- 죠 - 우리 모두 - 하나님이 - 주신 밤 하늘에 -
별을 볼 수 있 - 도 록 우리 모두 - 하나님이 - 주신
맑 은 물에 - 물고 기가 살 - 수 있도 - 록 -
우리 모두 - 하나님이 - 주신 밤 하늘에 -
별을 볼 수 있 - 도 록 우리 모두 - 하나님이 - 주신
하나 - 님이 - 주신 밤 하늘에 - 별을 볼 수 있 - 다 면
- 날 마다 하나님이 주신 맑 은 물에 - 물고
기가 살 - 수 있다 - 면 주 께서 주 - 신 - 세상을
만 들어 - 가요 - 주님 주신 그 - 대 - 로
더 이상 다 - 른 - 실수는 하지말 - 아요 - 좋은 세상 위하
- 여 - 우리 모두 - 하나님이 주신 밤 하늘에 -
별을 볼 수 있 - 도록 - 우리 모두 - 하나님이 주신
맑 은 물에 - 물고 기가 살 - 수 있도 - 록 - 우리

# 304
# 골목길 걸을 때

·작사·곡 이성균
한걸음 두걸음 - 골목 길 ─ 걸을때 -
들려오는 - - 찬양 소 - - 리에 -
어깨를 흔들며 - 밤하늘 - - 보며는 -
우리주님 네오 십 - 자가 -
아무리 바라 - 보 - 고바라 보 - - 아도 -
그사랑 알 수 가없 - 어
기쁜날을 주신 - 나의 예 - - 수님 -
나항상 흥에 - 겨 워요 - - -
나는예 수님이 - 정말 로 - - 좋아요 -
나항상 사랑 - 할 - 래요 -
한걸음 두 걸음 - 골목길 ── 걸 을때 -
들려오는 - - 찬양 소 ──── 리에 -
어깨를 흔들며 - 밤하늘 - - 보며는 -
우 리주님 네오 - 십 - 자가 ──
아 무리 바라 - 보 - 고바라 보 ── 아도 -
그 사랑 알 수 가없 - 어 Um ──
기쁜날을 주신 - 나 의 예 - - 수님 -
나항상 흥에 - 겨 워요 - - -
나는예 수님이 - 정말 로 - - 좋아요 -
나 항상 사랑 - 할 - - 래요
2nd Time To

# 수록음반 가나다순

## 가

206 가난한 자가(기쁨의 탄성) "에클레시아 2", "에클레시아 베스트"

233 갈릴리 마을 "낮엔 해처럼 밤엔 달처럼" 최용덕 1

273 갈릴리 호숫가에서 "김영일 선교사 Bagpipes 성가집"

32 거룩하신 성령이여 "Chris Bowater-Time for Tears" Kingsway, "찬양여행 Praise Musical" 광성찬양선교단

249 거룩하신 주님 찬미예수 1500 (1)

213 거룩하신 하나님 "America's Best Praise & Worship"

67 거룩하신 하나님 어린양 "The Highest Place" Hosanna P&W 40, "열린 예배 Worship Best 25, With 조효성"

167 거룩한 보좌 앞에 "Victor's Crown" Hosanna P&W 28

84 겸손하게 무릎 꿇고 "때가 차매" 예수전도단 3, "해 뜨는 데부터" 예수전도단 1

159 경배하리 내 온 맘 다해 Mercy Publishing, "Wind of Worship 1" Vineyard Music

187 고아들의 아버지 "Join Our Hearts" Graham Kendrick, "As for my House" Hosanna P&W 58, "전하세 예수 8" 두란노 경배와 찬양

2, 237 고요한 아침의 나라 "부흥" 예수전도단 8

44 광야를 지날 때 "전신갑주를 취하라" 주찬양 11

244 구름같이 허다한(예수를 깊이 생각하자) "꿈이 있는 자유" 정종원 한웅재, "주 다스리시네" 임마누엘 2

110 구원자 주 예수 "America's Best 25 favorite praise & worship choruses 4" Brentwood, "No Compromise-Remembering the Music of Keith Green" Sparrow, "Abba" 박종호 4

164 그 이름 예수 찬미예수 1500 (4), "연합찬양집회실황 2"

85 기다려요 "예수마을 1(For The Faith)"

258 기뻐하라 시온의 딸 "부활 1"

152 기뻐하며 즐거워 하라 찬미예수 1500 (4)

## 나

89 나는 가난하고(시편 40편) 찬미예수 1000 (4)

3, 212 나는 광대한 "지성소" 예수전도단 7

223 나는 알아요 "쏠티와 함께 3" 샬롬노래선교단, 찬미예수 1000 (3)

20 나는 여호와니 "부흥" 예수전도단 8

113 나는 용서받았네 Kingsway's Thankyou Music

239 나는 주님을 찬양합니다 "Give Thanks" Hosanna P&W 7, "예수 경배와 찬양 4" 은성예수찬양단 "전하세 예수 12" 두란노 경배와 찬양

238 나는 주의 깃발 든 군사 "주님 아시지요" 찬양하는 사람들 2

30 나를 사랑하는 자들이(잠 8:17) "임마누엘 1", 찬미예수 1000 (3)

287 나 비록(꿈이 있는 자유) "꿈이 있는 자유" 정종원 한웅재

178 나 약해 있을 때에도(주님만이) "Praise 12" Maranatha, "나의 사랑 나의 신부" 이강혁 2, "어부들의 찬양 1"

246 나에게 생수 부으시니(내 잔이 넘치나이다) "나의 등뒤에서 2" 임정선, "알렐루야 9", "전용대 4", "연합찬양집회실황 3"

138 나 여호와 치료의 주 "Give Thanks" Hosanna P&W 7, "예수 경배와 찬양 4" 은성예수찬양단

4, 173 나의 가는 길 "Eternal God" Hosanna P&W 34, "God is Good-Worship with Don Moen 2" Hosanna Integrity, "테마찬양-신실하신 하나님" 한사랑 3 , "왕좌" 조효성

47 나의 만족과 유익을 위해 "Is Anyone Thirsty" Graham Kendrick, "전하세 예수 10" 두란노 경배와 찬양

125 나의 발은 춤을 추며 "어린이 찬양메들리", "찬양 찬양 메들리 3", "찬양메들리 베스트 1"

109 나의 앞에 계신 주님 "내 안에 있는 그이름" 주찬양 6

218 나의 영이 "살아 계신 하나님" 박종호 1 "부흥" 예수전도단 8

163 나의 주 다스리시네 "Chris Bowater-Time for Tears" Kingsway, "침묵기도 2" 두란노 경배와 찬양

27 나의 주 찬양합니다 Hosanna Music, "Victor's Cown" HMC 28

137 나의 하나님 Ⅰ "Gospel Concert 제2집" 헤븐 중창단

59 나의 하나님 Ⅱ "소리엘(Live)", "박종호 4(Abba)"

5, 154 나 주님의 기쁨되기 원하네 "신세대 성령캠프 1"

203 나팔소리 천사의 노래 "Amazing Love" Hosanna P&W 30

243 나 항상 주 송축하며 찬미예수 1500 (3)

185 날마다 떠오르는(신실하신 주) "박종호 4(Abba)"

129 내가 길을 잃고 "Hosanna 이 땅을 고치소서" 주찬양 8

57 내가 산을 향하여 "예수 경배와 찬양 6" 은성예수찬양단

141 내 감은 두눈에(전부) "소리엘(Live)", "소리엘(Live 2)", "나의 귀한 자" 유상렬 1

204 내게 오라 "다윗과 요나단 2", "임정선 골든 찬양 1", "용덕중 복음성가모음 1"

289 내게 음악 주신 분 "내게 음악주신 분" 창문 1, "젊은 크리스찬 아티스트 30선 2"

261 내 구주 예수님 "Shout to the Lord" Hosanna P&W 72, "People just Like Us" Hillsong, "전하세 예수 11" 두란노 경배와 찬양

29 내 안에 사는 이 "전하세 예수 3" 두란노 경배와 찬양, "들어오라 지성소로 2", "어린이 은혜캠프 1"

111 내 영혼의 구세주 "최미 복음성가 1", "이광희 새로운 성가집 2"

112 내 주 같은 분 없네 "I want To Know You" Worship Songs of the Vineyard 9

127 너 근심 걱정 와도(주 너를 지키리) "Praise 2" Here I am, 91

61 너는 결코(너 결코 용기 잃지 말아라) "임마누엘 5", "임마누엘 Selection"

6, 143 너를 사랑해 "최덕신 15 Years" 주찬양선교단

7, 259 너의 가는 길에(파송의 노래) "부흥" 예수전도단 8

120 너 있는 곳에서(거기서 찬양하라) "Morning Like This" Sandi Patti

24 놀라운 인도자 "Praise 6" Maranatha

184 놀라워라 "갈망" 최덕신, "우리가 살아가는 이유" 채한성

31 능히 너를 보호하사 "I Will Rejoice" Hosanna P&W 11

## 다

263 담대하라 "다윗과 요나단 Best", "전하세 예수-중국" 두란노 경배와 찬양, "1318 CCM Concert", "나의 등뒤에서 3" 김혜복

172 더 넓은 세계를 "선교한국 94" 연합찬양팀

70 두손 들고 소리 높여 "전하세 예수 10" 두란노 경배와 찬양

122 들으라 이스라엘아 "보라 하나님은" 예수전도단 2

Hallelujah!

## 마

121 만왕의 왕께 영광을 "His Word" Hosanna P&W 17

124 맑고 밝은 날 "The First Sunday Song Sing-A-Long" The Maranatha Kids

62  메마른 우리 마음 "The Secret Place" Hosanna P&W 49

8, 171  모든 민족에게 "We are One" Hosanna P&W 53, "전하세 예수 10" 두란노 경배와 찬양

285 모든 일이 끝나고 "주의 귀한 사랑" 옹기장이 2

153 무지개를 찾아(주님께 드려요) "새벽별"

231 무화과 나뭇잎이(난 여호와로 즐거워하리) "나는 주의 군병"

149 문들아 너희 머리를 "하나되게 하소서 5"

## 바

128 보라 그 놀라운 주의 사랑을 "Praise 3" Maranatha

290 볼찌어다 "볼찌어다" 김지현 김기석

## 사

225 사람들은 "오 기쁘도다" 주찬양 3

278 사랑의 나눔 찬미예수 1500 (7)

119 사랑해요 아름다운 이름 "주의 귀한 사랑" 옹기장이 2

25  살아 계신 성령님 찬미예수 1000 (4)

226 새벽 "임마누엘 6"

76  생명의 주 말씀 찬미예수 500 (1)

271 서로 용납하라 "보라 하나님은" 예수전도단 2

93  선하신 목자 "Forever Grateful" Hosanna Music

10, 234 성령이여 "들어오라 지성소로 3"

144 세상 끝날까지(가라) "잃어버린 영혼을 향하여" 송정미 1

291 세상 슬픔에(사람들에게) "최인혁 3(Holy)", "최인혁 Holy(Remake)"

11, 265 세상에 소중하고(사랑하며) "Love Song 1" 최인혁 김지애, "Forever Love"

208 세상의 유혹 시험이(주를 찬양) "내 주는 강한 성이요" 주찬양 5, "일어나라 빛을 발하라" 주찬양 7,
    "최덕신 15 Years" 주찬양

107 수고하고 무거운 "하늘에 계신 아버지" 찬양하는 사람들 3

169 수많은 무리들 줄지어(예수 이름 높이세) "나를 받으옵소서" 박종호 2, "일어나라 빛을 발하라" 주찬양 7

134 신실한 하나님 "Chris Bowater-Better than Sacrifice" Kingsway, "침묵기도 4" 두란노 경배와 찬양

142 실수하여 힘을(내가 네 안에 착한 일을) "내 주는 강한 성이요" 주찬양 5

42  심령이 가난한 자는 "똑바로 보고 싶어요 2" 김혜복, "전용대 7"

## 아

139 아버지 날 붙들어 주소서 "Give Him Praise" Worship Songs of the Vineyard 8

140 아버지여 구하오니 "Enter His Gates" Hosanna P&W 22, "시와 찬미" SFC 50주년 기념 음반

282 아버지여 우리는 "보라 하나님은" 예수전도단

Hallelujah!
Praise

88 아침안개 눈앞 가리듯(언제나 주님께 감사해) "평안" 좋은 씨앗 1

132 아침해 하늘에 솟아(주찬양) "Worship & Praise 2" Dan McCraw, "아무것도 염려치 말고" 조건희

103 알렐루야 "전하세 예수 5" 두란노 경배와 찬양

292 양을 치는 목자들에게(아기 예수를 보고) "에클레시아 1"

49 어린양 보라 "보혈찬양집 3"

38 얼마나 아프실까 "그사랑" 찬양하는 사람들 1, "박종호 최인혁 찬양모음" 예수전도단 4

108 여호와는 나의 "위로" 이은수 1

293 여호와는 나의 목자시니(시편 23편) "오 기쁜 소식을 전하는 자여" 주찬양 9

33 여호와우리 주여(시편 8편) "살아 계신 하나님" 박종호 1, "Hosanna 이 땅을 고치소서" 주찬양 8

190 여호와의 영광을 "주 다스리시네" 임마누엘 2

192 영광과 존귀 "영광의 구세주(칸타타)", "연합찬양집회실황 1"

196 영광을 돌리세(주님의 영광) "부흥" 예수전도단 8

92 영문 밖으로 "부흥" 예수전도단 8

130 예수 경배하리 "침묵기도 5" 두란노 경배와 찬양

294 예수 그분은 "임마누엘 3", "임마누엘 6", "임마누엘 Selection"

295 예수 그 이름(그 이름) "그 이름" 주찬양 1

136 예수 날 위하여 "민족과 열방" 두란노 경배와 찬양, "전하세 예수 - 중국" 두란노 경배와 찬양

297 예수님은 나의(모든 것 되시는 주님) "주만 섬기리" 옹기장이 3

39 예수님의 모습을(전능하신 하나님) "옹기장이 1", "365 찬양 메들리 2", "총신대 남성합창단 1"

199 예수안에 있는 나에게 "김평강 어린이 찬양집 1", "찬양 찬양 메들리 1", "찬양메들리 모음집 3", "민희라 주제별 복음성가 6"

262 예수 예수 예수 "살아 계신 하나님" 박종호 1

191 예수 존귀한 주 이름 "전하세 예수 1" 두란노 경배와 찬양

104 오 귀한 주이름 "때가 차매" 예수전도단 3

168 오 나의 주님 "쏠티와 함께 2" 샬롬노래선교단

117 오랫동안 기다려온(그 믿음 간직하여라) "주 다스리시네" 임마누엘 2

155 오 주님 "때가 차매" 예수전도단 3

175 오직 주님만 "We Welcome You" Worship Songs of the Vineyard 6, "전하세 예수 8" 두란노 경배와 찬양

215 오 하나님 영광 존귀 "Praise 2" Maranatha, "때가 차매" 예수전도단 3, "해 뜨는 데부터" 예수전도단 1

147 오 할렐루야 찬미예수 1000 (3), "그 사랑" 찬양하는 사람들 1, "연합찬양집회실황 4", "아기천사찬송 1",
"어린이 찬양과 경배 4" 은성교회 어린이 연합합창단

91 온 세상 위한 십자가 "부흥" 예수전도단 8

46 온유와 위엄 "Illuninations" Graham Kendrick, 찬미예수 1000 (3)

98 온유한 마음을 주옵소서 "Praise 11" Maranatha, 찬미예수 1000 (1)

102 와서 찬양 "예수 경배와 찬양 5" 은성예수찬양단

214 왕 되신 주 "Winds of Worship 1" Vineyard, "침묵기도 5" 올네이션스 경배와 찬양

298 왕 만왕의 왕(왕께 찬양해) "나를 받으옵소서" 박종호 2

255 왕의 왕과 주의 주께 "Enter His Gates" Hosanna P&W 22

207 외로움에 지친(오시오) "최인혁 2(Remake)"

299 우리가 간직해야 할(하연이에게) "꿈이 있는 자유" 정종원 한웅재

267 우리가 하나되어 "이제는 일어나야 할 때" 소리엘 3

*Hallelujah!*

60  우리는 모두 다(주님의 증인) "증인들의 고백" 주찬양 4

12, 97  우리는 주님의 흘리신 피로 "Amazing Love" Hosanna P&W 30, "King of the Nations" Graham Kendrick, "전하세 예수 7" 두란노 경배와 찬양

55  우리들은 여호와를(주 여호와는 나의 힘) "옹기장이 1", 찬미예수 550 (1), 찬미예수 1500 (4)

80  우리를 사랑하신 "Firm Foundation" Hosanna P&W 56

54  우리 모두 손뼉을 치며 "쏠티와 함께 3"

52  우리 모두 찬양하세 "주의 귀한 사랑" 옹기장이 2

45  우리 주님 크신 사랑(내주를) "임마누엘 6"

205  우리 주만 참 하나님 찬미예수 500 (1)

251  우리 주의 성령이 "연합찬양집회실황 1", "예수 경배와 찬양 3" 은성예수찬양단

264  우리 함께 만나는(참 기쁜 노래) "옹기장이 2"

224  우물가의 여인처럼 "코리안 심포니 복음성가 3", "조윤숙 간증시 3", "예수 찬양과 경배 4" 은성예수찬양단, "초대교회 1" 이성균 친구들, "최현수 가스펠 2"

253  우주만물 창조하신 "전하세 예수 10" 두란노 경배와 찬양

158  위대하신 주 하나님 "Steadfast Love" Hosanna P&W 16

236  위엄의 주 하나님 "A People Prepared-Worshipping Churches" Kingsway

235  유월절 어린양의 피로 "Come to the Table" Hosanna P&W 37

275  이날은 이날은 "예수 찬양과 경배 2" 은성예수찬양단, "목요찬양실황 2", "연합찬양집회실황 3", "어린이 은혜 camp"

135  이 땅에 오직(주밖에 없네) "나의 사랑 나의 신부" 이강혁 2

1, 227  이 땅의 황무함을(부흥) "부흥" 예수전도단 8

242  이스라엘의 하나님 "전하세 예수 7" 두란노 경배와 찬양

21  이 시간 주님께 나온 우리들 "방송 Best 2", 찬미예수 500 (2), "나의 등뒤에서 2" 임정선, "나의 등뒤에서" 조윤숙, "조윤숙 골든 5", "전용대 복음성가 4", "초대교회 1"

## 자

252 저 높은 보좌에 "목요찬양집회실황 3", 찬미예수 1000 (3), "예수 찬양과 경배" 은성예수찬양단, "찬양 찬양 메들리 1", "어린이 찬양과 경배 1" 은성교회 어린이 연합찬양단, "예수님이 좋아요 3", "깨돌이와 찬양하는 아이들 1"

268 저는 시냇가에(복 있는 사람은) "내게 음악 주신 분" 창문 1, "복 있는 사람은" 송정미

58  전능한 하나님 아버지 "Chris Bowater-Better than Sacrifice" Kingsway

250 전신갑주 입고 "Praise 11" Maranatha, "In His Presence" Hosanna P&W 15, "전하세 예수 6" 두란노 경배와 찬양

90  존귀한 주의 보혈 "Draw Me Closer" Worship Songs of the Vineyard 5, "전하세 예수 9" 두란노 경배와 찬양

114 좋으신 하나님 "박종호 Hymns(The symphony 1)", "쏠티와 함께 6", "전하세 예수 3" 두란노 경배와 찬양, "늘노래의 옛노래 2", "박종호 3", "이성호 3", "은혜 충만 메들리 3", "최현수 가스펠 2", "열린 찬양 2", "찬양 찬양 메들리 3"

232 주께 구속된 자들이 "아멘 코러스-1 기쁨"

68  주께 노래하세 "제1회 전국 청소년 복음성가 경연대회"

96  주께 찬양 드리세 찬미예수 1000 (1)

256 주 나의 은신처 Maranatha Music, "Giorify Thy Name" HMC 6

50  주 날개 밑에서 "복 있는 사람은" 송정미

174 주 내 맘에 모신 후에 "침묵기도 4" 두란노 경배와 찬양

87  주 내 삶의 주인 되시고 "어린이 찬미(둘)"

86   주는 보이지 아니하시는 For Lane Music Publishing, "Psalm 2", "No One but You" Vineyard Music 7
126   주는 우리의 도움 "다시 부르는 노래" 소리엘
78   주는 우리의 소망 "임마누엘", "임마누엘 Selection"
182   주님과 같이 "Pure Heart" Hosanna P&W 38, "전하세 예수 9" 두란노 경배와 찬양
145   주님께서 보낸(사랑의 편지) "에클레시아 4," "에클레시아 Best"
280   주님께서 주시는 "예수 경배와 찬양 4" 은성예수찬양단
15, 229 주님나라 임하시네 "부흥" 예수전도단 8
216   주님 보좌 앞에 나아가 "전하세 예수 1" 두란노 경배와 찬양
37   주님은 나의 죄와 허물 "Hosanna 이 땅을 고치소서" 주찬양 8
209   주님은 항상 살아 계셔서 "주 다스리시네" 임마누엘 2
66   주님을 따르리 "LIVE Worship with Morris Chapman" Maranatha, "오 기쁜 소식을 전하는 자여" 주찬양 9
105   주님의 성령이 "전하세 예수 1" 두란노 경배와 찬양, "전하세 예수 Selection 1" 두란노 경배와 찬양
106   주님의 영광이 "찬양 찬양 메들리 3", "요나의 기도 Best 2"
150   주님의 진리를 찬미예수 1500 (4)
48   주를 보네 "프라미스키퍼 시리즈-96 경배와 찬양", "마라나타 싱어즈 1", "마라나타 Praise Best 3"
160   주를 부르라 "임마누엘 3"
56   주 안에서 다 기뻐하세 "예수 경배와 찬양 6" 은성예수찬양단
41   주 알기 원합니다 찬미예수 1000 (4)
69   주여 나를 주의 성소 "Be Magnified" Hosanna P&W 54, "오 주를 찬미하세" 한국 컨티넨탈 싱어즈 1
165   주 여호와가 통치하시네 "그 사랑" 찬양하는 사람들 1
194   주 예수 경배하세 "전하세 예수 10" 두란노 경배와 찬양
26   주 예수여 오시옵소서 "전하세 예수 6" 두란노 경배와 찬양
193   주 예수의 이름 높이세 "We lifted High" Doug Horley, "Live from Wembley Stadium" Kingsway,
        "전하세 예수 10" 두란노 경배와 찬양
161   주의 거룩하심 임할 때 "Exalt the Lord" Hosanna P&W 31 "침묵기도 4" 올네이션스 경배와 찬양
115   주의 긍휼로 "Lamb of God" Hosanna P&W 14, "Praise 9" Maranatha, "Hosanna 이 땅을 고치소서" 주찬양 8
270   주의 사랑 안에서 "최고의 작품", "Love Song" 최인혁 김지애
279   주의 사랑으로 사랑합니다 "오 기쁘도다" 주찬양 3
16, 77 주의 사랑을 "Lamb of God" Hosanna P&W 14, 찬미예수 1500 (6)
300   주의 얼굴(주님만을 사랑합니다) "박종호 4"
17, 170 주의 이름 높이며 "Praise 12" Maranatha, "He is faithful" Hosanna P&W 47,
        "전하세 예수 10" 두란노 경배와 찬양
100   주의 이름 높이며 Ⅱ "전하세 예수 10" 두란노 경배와 찬양, "Save Our People", "Project 마라나타", "희망",
        "부활 1", "영혼의 찬양" 최미, "프레이즈 Best 3" 마라나타
162   주의 이름 부를 때 Lifestyle Music, "전하세 예수 10" 두란노 경배와 찬양,
        "Chris Bowater-Better Than Sacrifice" Kingsway Music
260   주의 이름을 "You are Here" Worship Songs of the Vineyard 2, "전하세 예수 2" 두란노 경배와 찬양
75   주의 임재앞에 잠잠해 찬미예수 500 (1)
220   죽임 당하신 어린양 "주 이름을 찬양해", "전신갑주를 취하라" 주찬양 11, "극동방송 제22회 성가대 합창제
211   죽임을 당하신 "임마누엘 3", "때가 차매" 예수전도단

Hallelujah!

269 지금 우리가(아름답게 하리라) "세상은 주의 품안에" 곽상엽

## 차

133 찬양의 보좌에 Hosanna Music, "Worship the King" HMC 35
123 찬양하라 내 영혼아 Ⅱ "어린이 경배와 찬양 1" 은성교회 어린이 연합합창단, "찬양메들리모음 4", "연합찬양집회실황 1", "27곡 찬양메들리 1"
81　천사의 말을(사랑은 가장 귀한 것) "The First Sunday Song Sing-A-Long" The Maranatha Kids, "쏠티와 함께 1" 샬롬노래선교단
65　천지 지으신 "Shouts of Joy" Hosanna P&W 33, "예수 경배와 찬양 6" 은성예수찬양단

## 파

43　평강의 주님 찬미예수 500 (2)
302 피곤한 하루(내일 일은 내일 염려하라) "좋은 씨앗 4", "그대 곁에 있을 거야" 이성균, "내일 일은 내일 염려하라" 이성균 3

## 하

180 하나님께로 더 가까이 "여의도 광장 집회 경배와 찬양 (Live)" 두란노 경배와 찬양, "침묵기도 4" 두란노 경배와 찬양, "이정림 1"
303 하나님께서는(물고기가 살 수 있도록) "좋은 씨앗 5"
257 하나님 우리와 함께 하시오니 "연합찬양집회실황 1"
276 하나님은 너를 지키시는 자 "꿈이 있는 자유" 정종원 한웅재
277 하나님은 우리를 "예수 경배와 찬양 3" 은성예수찬양단
18, 286 하나님의 사랑을(주만 바라볼찌라) "새신자를 위한 찬양 2", "다윗과 요나단 (Live Concert)", 찬미예수 1500 (3), "다윗과 요나단 5"
79　하나님이 세상을 "임마누엘 2"
36　하나님 한번도 나를(오 신실하신 주) "경배와 찬양 찬송가 1", "박종호 Hymns(The Symphony 1)", "선한 사람들 1", "손영진 3", "최미 골든 찬양 3", "박종호 3", "그 사랑" 찬양하는 사람들 1
166 하늘에 있는 찬미예수 1500 (7)
219 하늘이여 외치라 "전하세 예수-중국" 두란노 경배와 찬양
304 한 걸음 두 걸음(골목길 걸을 때) "골목길 걸을 때" 이성균
188 한 아기가 우리에게 "Do Something New Lord" Chris Bowater
202 항상 기뻐해요 "에클레시아 4", "조하문(가스펠)", "임정선 골든 찬양 4", "옛날 옛적에 하나님이"
198 해방되었네 "샛별 어린이 복음성가 4"
177 해아래 새것이 없나니(새롭게 하소서) "전용대 복음성가 4", "찬양 메들리 모음 3", "최귀라 성가골든 2", "열방의 왕 2"
272 형제와 함께 사는 것 "예수 경배와 찬양 4" 은성예수찬양단
245 휘장을 지나 찬미예수 500 (2)

## G

GOD IS GOOD 248 "Rivers of Joy (Don Moen)"

# 프 레 이 즈  VOL. 2

1판 1쇄 발행 : 1997년 12월 12일
1판 6쇄 발행 : 2003년  2월 20일

편 자 : 편집부 / 악보정사 : 박아영
발행인 : 이원우 / 발행처 : **비전북출판사**
주 소 : (411-834) 경기도 고양시 일산구 장항동 585-11호
전 화 : (02)966-3090(대) / 팩 스 : (02)3293-6620

E-mail : vsbook@hanmail.net
등록번호 : 제10-1452호

공급인 : 박종태 / 공급처 : **비전북**
전 화 : (031)907-3927 / 팩 스 : (080)403-1004

Copyright ⓒ 1997 **비전북출판사**  Printed in Korea
값 4,000원

ISBN 89-87613-97-6  03230

❖ 잘못 만들어진 책은 바꾸어 드립니다.
❖ 본 도서의 내용을 일부 또는 전부를 허락없이 전재, 복사 또는 광전자 매체 수록 등을 할 수 없습니다.

 예배와 삶의 일치

복음에는 하나님의 의가 나타나서

믿음으로 믿음에 이르게 하나니; 기록된 바,

**"오직** 의인은 **믿음**으로 말미암아 살리라" 함과 같으니라.

**로마서 1 : 17**

**비전북**은 **줄꽈추** 도서출판 와 **하늘사다리**가 연합하여 설립한 출판사로서

오직 믿음으로만 살았던 개혁 신앙을 계승 발전시키고

다시 오실 주님의 길을 예비하는 마음으로 21세기에도 역동적인 신앙을 세우는데

꿈과 비전을 품고 예배와 삶의 일치를 이루는 출판 공동체입니다.


# 프레이즈 VOL. 2

편자 : 편집부 / 악보정사 : 박아영

발행처 : **비전북출판사**

전화 : (02)966-3090 / 팩스 : (02)3144-6620

공급처 : **비전북**

전화 : (031)907-3927 / 팩스 : (080)403-1004

**값 4,000원**